내 인생 내 지게에 지고

윤윤석 시집

도서출판 경남

머리말

　사람은 나면서 사람과 사람 사이에서 세상에 온다. 부정모혈父情母血로 세상에 온 사람은 많은 사람의 도움으로 인간으로 성장해 간다. 깨지기 쉬운 질그릇 같은 육체로 태어나 살아가며 수많은 선인先人들이 걸어서 만든 길을 걸어가며 인간으로서 수련으로 성품을 다듬고 실수와 허물로 오염됨은 교육과 길을 통해 완성해 가는 것이다.
　사람은 시시각각으로 세상의 사물과 접촉하면서 희로애락喜怒哀樂의 연속선상에서 생활해간다. 이런 생활에는 수많은 정감의 움직임이 각인되고 솟아나와 생활의 무늬로 점철된다.
　이런 사실들이 언어의 구사로 담겨져 자기의 그릇을 넘쳐 나왔을 때 이것이 시와 찬미와 신령한 노래로 그림으로 조각으로 생활의 편린으로 나타나며 이것이 진실로 인식의 절대치인 진眞에 이르고 도덕의 최고인 선善 예술의 최고인 미美를 추구함에 이른다고 본다.
　1940년대에 초등은 겨우 마쳤으나 더 배우고자 하는 향학열에 불타 있던 시절 6·25의 무참한 전쟁의 맛을 보고 느끼면서도 백리 밖에 있는 학교(장승포 거제중학)를 찾아 도보(일주일에 한 번씩)로 오고 갔던 일, 고현·수월·양정지구에 들어섰던 포로수용소를 바라보며 거제 뒤 산성 쪽에서 고현 문골을 통해 지세포 뒤 밤싱이재를 넘어 장승포까지 걸어 오갔던 일, 밤싱이재에서 구천동골까지의 풍광은 참 아름다웠다. 그 학교를 오가며 지은 글이 몇 편 실려 있다.

 거제도에 피난 왔던 분들에 의해 세워졌던 대광중학에서 공부하던 일, 아련한 이상과 막막한 생활 속에서도 정의 표출이 빛바랜 사진처럼 글월로 남아 있어 이 책에 올리게 됐다. 1950년대의 사회상을 반추하고 음미해 보라는 것이다.

 먼 푯대를 정하고 가야 가까운 장애를 잘 극복하고 바른길 빠른 길로 선인들이 밟아 만든 길로 갈 수 있다.

 정년을 마친 사람으로 남은 시간 남은 건강으로 무엇을 할까 하고 할 일을 찾다가 인생은 과거를 회고하고 현재를 비판하고 미래를 추상하는데서 머물지 않고, 보다 나은 미래를 만들고 발전 없음을 두려워하지 않고, 도전과 꾸준함으로 보다 나은 미래를 맞이할 수 있을 것으로 여겨 나의 졸작을 엮어 보았다.

 한 수 한 수 지을 때마다 선인들의 발자취를 밟고 체취를 맡으면서 척박한 마음의 밭을 일구어 옥토로 만들어 보겠다는 심정으로 노력한 결과물이다. 이 책이 나오기까지 뒷바라지한 가족에게 고맙다는 말을 전한다.

 60년이 넘도록 모아둔 글들에 날개를 달고 죽지에 힘을 주셔 책으로 엮어 세상에 나오도록 하여주신 도서출판 경남 편집팀과 오하룡 대표님께 심심한 감사의 인사를 드립니다.

차 례

2 | 머리말

제1부 내 인생 내 지게에 지고

12 | 내 인생 내 지게에 지고
14 | 알밤
15 | 울고 왔다 울고 간다
16 | 廢王城趾
　　　폐왕성지
18 | 만남
19 | 온 세계가 넋 잃었다
20 | 몽돌
21 | 천부적인 잊는 재주
22 | 우리의 소원
24 | 墨畵
　　　목화
26 | 꿈이라면 깨지 말라
28 | 승무
31 | 홍시
32 | 기적의 朴鄭李
　　　　　박정이
34 | 남북 이산가족 상봉
36 | 하늘빛 靑磁色
　　　　　청자색
38 | 뒷집 할배 돌아가셨다오
39 | 가족

40 | 돌부처
41 | 노선버스
42 | 戰神 李忠武公
　　전신　　이충무공
44 | 길
46 | 삼일관리
48 | 한 쌍의 참새
50 | 붉은악마 응원단
54 | 한가위만 같으소서
56 | 퇴근 후의 술 한잔
57 | 마음의 꽃밭을 가꾸자
58 | 한 장 남은 단풍잎
59 | 皆骨山의 九龍瀑布
　　개골산　　　구룡폭포
60 | 나는 한 그루의 나무가 되기를
63 | 이 또한 지나가리라
66 | 미쳐 산다
68 | 거룩한 희생

제2부 기다리는 인생

72 | 백두산
74 | 自覺
　　　자각
75 | 이미 다 받았네
76 | 山芳山·2
　　　산방산
78 | 長蛇島 기행
　　　장사도
80 | 사군자
82 | 飛盧峯의 소나무
　　　비로봉
83 | 할아버지와 손자
84 | 저녁놀 위의 할배와 손자
85 | 봄·1
86 | 귀향
87 | 별
88 | 가을밤
89 | 가을 저녁
90 | 야경
91 | 추억·1
92 | 빨리 일하러 가자
93 | 우리의 소원은 통일
94 | 추억·2
95 | 거제도 해금강
96 | 서산 노을
98 | 길로 가자
100 | 우리 어머니
101 | 나의 스승 가난이시여
102 | 감사하자
103 | 소나무·1
104 | 하면 된다
105 | 강강술래
106 | 단풍
107 | 기다리는 인생
108 | 廢王城·1
　　　폐왕성
109 | 廢王城·2
　　　폐왕성
110 | 사랑이 태어나는 성탄
112 | 밤·1

5

제3부 깨어 있는 생활

- 114 | 나
- 116 | 친절한 봉사는 興旺의 비결
  - 흥왕
- 118 | 푸른 꿈을 안고 땀을 흘리자
- 119 | 봄비
- 120 | 행복
- 122 | 시계 소리
- 124 | 자 尺
  - 척
- 125 | 鷄鳴聲
  - 계명성
- 126 | 새해
- 128 | 雪·1
  - 설
- 130 | 山芳山·1
  - 산방산
- 132 | 어머니와 고향
- 134 | 그림자 세상
- 135 | 소녀야
- 136 | 기다림
- 138 | 빛을 향해 걸어가자
- 139 | 祖靈님이시여 고이 잠드소서
  - 조령
- 140 | 오늘을 멋지게 살자
- 141 | 우리 동네 예찬시
- 142 | 속사람·1
- 144 | 겨울나무
- 146 | 오늘
- 147 | 내 陰宅 내가 자리 잡고
  - 음택
- 148 | 밤·2
- 150 | 젊은이여 달려라
- 151 | 다방 마담
- 152 | 加助島 連陸橋
  - 가조도 연륙교
- 153 | 너 있으면 천당 되리
- 154 | 장맛비
- 156 | 西方淨土 있는 곳은
  - 서방정토
- 158 | 귀뚜리 소리
- 160 | 둥근 것
- 162 | 깨어 있는 생활

제4부 꽃이어라

- 164 | 소나무·2
- 165 | 대나무
- 166 | 내 무덤 이쯤에 써야겠다
- 168 | 悅話堂 이야기 방
  열화당
- 170 | 별·2
- 172 | 새해맞이
- 173 | 雪·2
  눈
- 174 | 봄·2
- 177 | 理想鄕
  이상향
- 178 | 回想
  회상
- 180 | 삶과 죽음
- 182 | 간다
- 184 | 가을
- 186 | 학교 계단
- 188 | 눈물
- 189 | 대문 옆의 상록수
- 190 | 시련과 실패를 도약대로
- 192 | 지구는 살아 있다
- 194 | 慙悔
  참회
- 195 | 속사람·2
- 196 | 거가대교
- 197 | 섣달그믐
- 198 | 가자
- 199 | 거제도
- 200 | 裸木
  나목
- 201 | 가난의 설움
- 202 | 路傍草의 교훈
  노방초
- 204 | 미안해요
- 205 | 우리 집
- 206 | 골목
- 208 | 국사책을 읽고
- 209 | 春蘭
  춘란
- 210 | 꽃이어라
- 212 | 봄

제5부 나는 오직 하나뿐

214 | 새섬
215 | 만물상
216 | 석양 노을
219 | 동호인회
220 | 얼굴
222 | 해맞이
224 | 禪의 세계
　　　　선
226 | 그럭저럭 웃고 살자
228 | 나는 오직 하나뿐
229 | 흔들리며 사는 인생
230 | 비 오는 늦가을
232 | 아픔
234 | 이른 비와 늦은 비
235 | 농부 예찬시
238 | 일어나라
240 | 지금 조금씩 살고 있다
242 | 원수를 갚아 달라 기도했더니
244 | 유라시아 원정대 찬양시
246 | 바다(받아)
248 | 우리는 하나요 둘이 아니다
250 | 고요 속에 고요 소리
252 | 돌아가다
253 | 자연을 정복하라
254 | 밝고 맑게 추스르자
256 | 만개한 벚꽃 길에 이슬 같은 비 내리고
258 | 백목련화
260 | 내도 구경
262 | 한산대첩
263 | 蓮華島기행
　　　　연화도
264 | 값없이 그저이다
266 | 울타리에 핀 장미

제6부 낙원의 거제도

268 | 시냇물과 산길
269 | 쓰러지는 초막집
270 | 雜木
　　　잡목
271 | 팔월의 농촌
272 | 봄날의 저녁
273 | 봄비 내리는 저녁마을
274 | 낙원의 거제도
275 | 바닷물
276 | 시냇물
277 | 위로할 줄 모르는 세상
278 | 평화가 그리워

제1부

내 인생 내 지게에 지고

내 인생 내 지게에 지고

지나간 수많은 시간들
사무치게 서러운 나날들
지게로 인사하고 울고 웃었다
밭 가는 소에게 멍에가 얹혀 있듯
나의 어깨 등허리엔 멍에 같은 지게가 얹혀 있다

허름한 옷 지게 지면 사치스런 일복
해어진 신발도 지게 지면 그만
지게 지면 술밥도 생기고 인사도 받고
지게는 나에게 衣冠이요 친구
　　　　　　　의관

지게는 따뜻한 옷이었다 이불이었다
지게는 감기약 보약이었다
나는 지게를 벗어나지 못한다
항상 춥고 배고파서

지게짐 지고 가다 잠시 쉴 때에
막혔던 숨 크게 쉬고 맥 떨어진 어깨 팔 휘두르니
자유로움 상쾌함 위없는 즐거움
苦中樂이 最上樂 알려주는 經典선생
　고중락　　최상락　　　　경전

누구나 세상살이 지게가 아니던가

고단한 세상 짐 아니진 자가 누구요

인생은 한판 연극 그 누가 말했던가

苦盡甘來요 興盡悲來의 終幕인 것을
고진감래　　　홍진비래　　　종막

허기진 슬픔의 희망이요

해어진 옷 감싸주는 새옷이었다

낫자루로 동발 쳐서 장단을 치며

달래는 노래인가 한의 표출인가

아픔 슬픔 서러움 세상 고뇌도 지고

나의 생계 가족 생계 이 지게에 지고

古稀는 넘었어도 지게는 못 넘어
고희

내 인생 내 지게에 지고 오늘도 들길을 간다

—2003. 7. 18

알 밤

엄마 아빠 무덤가에 밤나무를 심었더니
그 밤나무 자라나서 밤송이가 열렸네
잘 익은 밤송이가 동네 아이 다 부른다
밤송이가 입을 벌려 알밤을 토해낸다

알밤은 풀밭으로 풀밭으로 떨어진다
우리 애기 풀밭에서 고사리 같은 손을 벌려
여기서도 하나 줍고 저기서도 한 톨 줍네
머리 위에 알밤들이 토닥토닥 떨어진다

주워 모은 알밤들이 광주리에 모여 앉아
오순도순 소곤소곤 세상살이 이야기를
어두웠던 송이 속이 발름하게 벌어질 적
꿈 많던 그날 그날 밝은 해도 새로워라

우리 손자 내 손자는 추억추억 만들어서
바구니에 담아둔다 시골 떠나 살 적이면
할배 따라 알밤 줍던 선산가의 밤나무가
추억 되어 살아나리 그리워서 눈물 나리

울고 왔다 울고 간다

울지 않고 세상에 온 사람이 어디 있으랴
이 세상 그 어떤 王侯將相도
            왕후장상
다 울면서 왔나니

울지 않고 성장한 사람이 어디 있으랴
다 울면서 울면서
굳센 어른으로 성장하였나니

울지 않고 세상 떠날 사람이 어디 있으랴
정든 세상 떠날 때
다 울면서 울면서 떠났나니

인생은 나면서 울고 살면서 울고
죽으면서 울고 간다

풍랑 많은 인생길은 고해의 길
짭짤한 눈물 맛이 세상맛인가

廢王城趾
폐왕성지

남해孤島 거제섬에 廢王 되어 오신 님이
　　고도　　　　　　　폐왕
두고 온 부귀영화 꿈이런가 바라보며
폐왕城築 부여잡고 흐느끼고 통곡할제
　　성축
알알이 맺힌 눈물 달빛 타고 흐른다

풀벌레 울어예는 고요한 폐왕성지
절개 굳은 충신인 양 소나무만 鞠躬盡瘁
　　　　　　　　　　　　　　국궁진췌
毅宗王과 文武百官 侍從하던 冤魂들께
의종왕　문무백관　시종　　　원혼
벌레 울고 산새 울어 鎭魂曲만 쓸쓸하다
　　　　　　　　　　진혼곡

잔당 골짝 너덜겅에 촘촘히 박힌 돌 밑
눈물 되어 흐느끼는 목이 메어 울어예네
바위 밑에 은신하여 怨聲인 양 自責*인 양
　　　　　　　　　원성　　　자책
은은하게 들려오는 울음인가 흐느낌가

비바람 긴 세월에 켜켜이 쌓인 이끼

돌마다 추억이요 몽돌마다 한이 서려

이름조차 서러워라 폐왕성지 웬말인가

幽冥에 간 毅宗廢王 聖君 되기 빌었겠지
　유명　　　　의종폐왕　　성군

슬픈 사연 딛고 서서 저녁노을 바라보니

바다 건너 저 멀리에 옛 추억에 젖었던 이

슬펐던 그때 그들 피멍인 양 맺혔네

松都에 맺힌 瑞雲도 쉬이 지고 사라졌지
　송도　　　　서운

＊자책自責의 육사六事 : 은殷나라 탕왕湯王은 7년 가뭄에 점을 쳤더니… 인신공양人身供養이 필요하다면 내가 제양祭羊이 되어야 마땅한 일이라면서 목욕재계하고 소복단장을 하고 하늘에 빌었다. 이때 자책自責 육사六事를 외었다. 첫째 나는 올바른 정치를 했는가? 공자나 노자의 정政은 정正이다. 정의正義를 바탕으로 한 정치를 뜻한다. 정의를 바탕으로 했을 때 임금에게 권위와 권력이 붙는 것이다. 그럼에도 불구하고 자기는 혹은 황제의 힘이 바로 정의가 된다고 한때라 착각하여 백성을 괴롭히지 않았는가. 우리네 위정자는 으레 자기를 공정한 잣대로 맞추는 게 아니라 잣대며 잣눈을 자기 구미에 맞춰 나가려 한다. 둘째 나는 사람들에게 일자리를 마련하여 주었는가? 요샛말로 바꾸어 말하면 올바른 경제 정책을 폈는가? 셋째 내 살림살이가 너무 호화로운 게 아닌가? 넷째 후궁 여인들의 말에 너무 귀를 기울이는 게 아닌가? 요샛말로 바꾸면 너무 측근들만 믿고 그들의 감언이설에 끌려다닌 게 아닌가? 다섯째 뇌물이 판치고 부정부패가 유행하고 있는 게 아닌가? 여섯째 부당한 인사를 해온 게 아닌가? 하고 자책하고 반성했던 것이다.

만 남

수많은 파도파도 육지 찾아 해변 찾아
억센 바람 하늬바람 갖가지를 겪으면서
철선목선 띄우면서 줄기차게 찾아왔다
해변 땅을 더듬으며 핥고 빨고 거품 낸다

바람이 나무 만나 세상 소식 전해주고
나무들은 좋아라고 잎들을 팔랑이고
가지는 너울너울 좋아서 춤을 춘다
만남이 이렇게도 이렇게도 좋은 줄을

악사와 악기 만나 멜로디가 탄생하고
밧줄과 광대 만나 아슬아슬 재미짓고
빗방울과 햇빛 만나 무지개가 생겨나고
비와 땅이 만나므로 초목 동물 소생한다

햇볕과 초목 만나 생명 환희 열매 맺고
처녀 총각 만남에서 정의 극치 물이 나고
물욕 많은 부자 사람 기름물이 번들번들
이탈저항 애수극치 아리랑에 눈물 난다

온 세계가 넋 잃었다

캐나다의 밴쿠버에 동계올림픽 개최되다
빙상의 꽃 여자 피겨스케이팅 시작되다
김연아의 마법에 온 세계가 넋 잃었다
숨죽였다 4분 10초 온 나라와 세계 사람

대한의 딸 김연아가 날렵하게 솟구쳤다
깃털인 양 부드럽게 사뿐히도 내려앉고
매끄럽게 달리고 달리다가 솟구치고
번개처럼 제비처럼 왔다갔다 뱅글뱅글

주요 외신 찬탄한다 위대한 연기라고
환호 소리 들려오고 박수 소리 우레 같다
외국 피겨 선수들의 연기만을 바라본 꿈
현실로 펼쳐보여 온 세상을 놀래켰다

스스로를 다스렸다 재능성실 단련으로
높은 산의 영광 밑에 깊은 골짝 눈물 골짝
얼음 위에 다친 부상 넘어져서 허리 질병
엄마 헌신 딸의 의지 우리 민족 저력 끈기

몽 돌

산골짝에 모난돌이 물길 따라 세월 따라
날카로운 눈과 귀가 조금조금 무뎌지고
코도 닳고 입도 닳아 잘 구르게 조화 이뤄
물이 밀고 세월 밀어 해변가에 다달았네

분골쇄신 밖을 깎아 내공 쌓는 아픔이여
이내 몸에 많던 요철 찢고 닳아 몽돌 됐네
바닷가에 와서 보니 넓은 세계 끝없어라
세계 각국 문물들을 맛본 파도 밀려오네

태풍의 무서운 힘 바다를 뒤집는 힘
서로가 몸을 비벼 조화로운 몸 만들어
그런저런 몽실몽실 알이 차고 둥글어서
持己秋霜 待人春風 원만하게 되어가네
　지기추상　　대인춘풍

천부적인 잊는 재주

기억하는 재주에다 잊는 재주 함께 주어
북쪽에서 남쪽으로 쫓겨오며 나라 세워
이탈애수 저항애수 아리랑謠 생겼으니
　　　　　　　　　　요
조물주는 사람에게 좋은 것만 주시었네

비와 바람 햇볕 구름 좋은 것은 하늘에서
무지개와 저녁노을 아름담도 하늘에서
아버지도 하늘에서 어머님도 하늘에서
하늘에서 점지하여 나에게 주었다네

나의 뼈와 나의 살을 갉아먹는 굴욕감도
송곳니가 맷돌니로 바뀔 만한 울분함도
잠 못 들게 밀려오는 원수 갚는 모진 마음
세월세월 지나가면 깜빡깜빡 잊고 사네

그 잊음이 재주여라 천부적인 재주여라
그 잊음이 없었다면 코무덤은 어이하며
평화로운 나의 삶이 어이어이 이어가리
굴욕감도 울분함도 잊혀 삶이 천복인져

우리의 소원
— 노래를 듣고

우리의 소원은 통일
꿈에도 소원은 통일
이 나라 살리는 통일
이 겨레 살리는 통일

저 소리가 노랫소린가 달램인가 요구인가
자위인가 울부짖음인가 북받치는 설움인가
원성인가 하소연인가

보채는 듯 달래는 듯 말리는 듯 깨우치듯
초연탄우 6·25 원혼들의 절규인 듯
자유수호 원혼들의 진혼곡인 양 들리는데

달램이어든 바른말로 잘 이끌어 주소서
요구여든 마음이 흐뭇하도록 주옵소서
자위여든 불안하고 괴로운 맘 위안하소서
북받치는 서러움에 울부짖음이어든 같이 울어주소서
원성이어든 용서하고 사랑하게 하소서
하소연이어든 억울하고 딱한 사정을 동정하며 들어주소서
보채는 것이어든 만족하고 흡족하게 하소서

저 해맑은 천사들이 귀염둥이 어린이들이
생채기 같은 아픔을 숙제처럼 떠안고
오늘도 읊조린다 오늘도 소리친다
뼈아픈 동족상잔의 설움을 전율하면서 절규한다!

墨畵
묵화

마음을 가다듬어 정화수를 길어다가
書巢에 편히 앉아 벼루에 먹을 갈면
　서소
禪房에 들은 듯이 墨香에 邪念 잊고
　선방　　　　　　묵향　　사념
胸中逸氣 詩意墨情 한데 엉켜 일어난다
　흉중일기　시의묵정

잘 갈린 먹물을 墨池에서 찍어내어
　　　　　　　　묵지
雪野 같은 화선지에 畵題 따라 一筆揮之
　설야　　　　　　화제　　일필휘지
墨竹의 댓잎들은 仙境의 구름처럼
　묵죽　　　　　선경
古詩을 실어와서 竹笛에 읊어댄다
　고시　　　　　죽적
畵中有詩 詩中有畵 墨情인가 詩意인가
　화중유시　시중유화　묵정　　시의

玉童子 낳은 곳에 산모 고통 서려 있듯
　옥동자
墨畵 한폭 그리는데 文房四友 要諦인데
　묵화　　　　　　　문방사우　요체
먹물과 화선지가 연인 같은 호흡 조화
渾然一體 이루면서 妙境에 이르른다
　혼연일체　　　　묘경

흑과 백은 兩極現象 異姓之合 이루면서
　　　　　양극현상　　이성지합

空卽是色 色卽是空 妙色妙彩 究極五色
공즉시색　색즉시공　묘색묘채　구극오색

墨舞 가락에 文氣가 샘솟고 춤추며
묵무　　　　문기

筆線妙味 四位一體 眞善美 멋 살려낸다
필선묘미　사위일체　진선미

高雅한 筆仙墨香 墨法 또한 많을시고
고아　　필선묵향　묵법

古墨法 焦墨法 濃. 淡. 潑. 積. 堆. 破墨法
고묵법　초묵법　농　담　발　적　퇴　파묵법

회화적인 文書美가 맥박 뛰고 숨을 쉬며
　　　　　문서미

文字香과 書卷氣가 知的 샘물 氣格 되다
문자향　　서권기　　지적　　　기격

點과 劃을 결합시킨 餘氣藝術 文人畫도
점　 획　　　　　　여기예술　문인화

사실적인 物形畫도 墨畫임에 틀림없다
　　　　 물형화　 묵화

積功敎養 人品感情 은은하게 풍기는 畫
전공교양　인품감정　　　　　　　　 화

寫意示唆 표현되니 멋과 향기 완연하다
사의시사

25

꿈이라면 깨지 말라

타향살이 이십 년에 그리웠다 내 고향아
생의 강물 흘러가서 고희에 접어들고
내 나이에 내가 놀라 가슴이 울렁인다
머리 세고 이 빠지고 허리 굽고 주름지고

사시장철 내려보는 동녘 편의 산방산
포근히 감싸서 안아주는 우두봉
청룡산 끝 기슭에 보금자리 둥지 틀어
아들 낳고 딸을 낳아 알콩달콩 살아간다

아침에 잠을 깨서 동창을 열어보면
근면절약 모은 살림 문전옥답 펼쳐 있고
실안개 개울 돌아 건넛마을 휘감는다
언제 봐도 기쁨 일고 자다 봐도 흐뭇하다

흘러간 세월 속에 눈물자국 있었기에
오늘날의 이 행복이 더욱 빛이 나는구나
나의 기쁨 나의 희망 착하고나 건강 자식
새벽별에 비길건가 해와 달에 비길건가

지금의 이 행복 지금의 이 기쁨을
고스란히 듬뿍 떠서 내세에 옮겨 심어
그곳 또한 기쁜 곳 그곳 또한 행복한 곳
영원토록 갖고 싶다 꿈이라면 깨지 말라

승무

북소리가 울린다 소가죽이 울린다
승무복이 떨린다 긴 소매가 떨린다
속세에 펴지 못한 수도승이 떨고 섰다
한이 떤다 원이 떤다 원한이 떤다

속세의 번뇌에서 생로병사 번뇌에서
시집 안 간 한 맺힌 한 여승이 몸부림치고 있다
하소연하고 있다 말하고 있다

힘드는 진흙탕에 캄캄한 세상에서
늙고 병든 몸을 이끌고 백팔번뇌에서
춥고 배고픔을 안고 뒹굴다가
한 줄기 빛을 바라본 희열인가
고통에서 벗어나려는 몸부림인가

안으로 안으로만 죽여 또 죽여
다지고 또 다지는 한 많은 수도승이
내가 나와 싸우고 또 싸우는
생활인가 몸짓인가 몸부림인가
절대자에게 歸依하려는 어리광인가
              귀의

발은 땅을 딛고 있되 마음은 하늘 위로
더 높고 더 깨끗하고 성스러운 곳
공작새가 침묵에서 깨어나서
꼬리깃 펴서 흔들며 희열하는 모습인가

밝다 끝내 밝다 흰 불덩이
화염은 하늘을 향하고 연기는 너울거리는데
무슨 한을 태운다 원이 없이 태운다

굳게 다문 그 입술
코를 발름거리며 가쁜 숨 몰아쉬며
안광은 하늘을 꿰뚫고
북소리 조화에 온몸을 떨며
발끝은 하늘을 향하여 비상한다
팔이 하늘을 향하여 손짓하면
긴 소매는 연기인 양 허공에서 하늘거린다

그 몸은 불꽃 되어 이글거리고
주위사람 덩달아 오르는데
불일레라 꽃일레라 불꽃일레라

29

이 불꽃 거리에 나오면 동조자가 좇고
이 불꽃 거리에서 춤추면
불의가 쫓겨간다
그 발짓 그 손짓 그 몸짓 그 恨짓
　　　　　　　　　　　한

불꽃 되어 살으리라 원없이 살으리라
그 약한 자의 생활이 그 약한 자의 울음이
하늘을 울리고 땅을 울리고
인간을 울리네
그 울음 말리리 그 눈물 말리리
그 불꽃이 말리리
　　　　　　　—이애주 승무를 보고(99. 4. 6. 1시 20분 TV)

홍 시*

감나무에 잎이 피니 연록색의 봄이 오고
綠陰芳草* 우거지니 여름철에 열매 맺어
　　녹음방초
가을바람 솔솔 불 적 잎들은 낙엽 지고
늦가을철 홀로 남아 독야홍홍 紅柿여
　　　　　　　　　　　　　　　홍시

폭풍강풍 다 겪으며 내공 적정* 쌓은 것이
감추려고 감추어도 천시 따라 드러나고
맛깔스런 붉은색에 흠뻑 감살 들었구나
이가 빠진 늙은이와 제우스 신이 좋아라네

*홍시 : 그리스신화에 제우스 신이 가장 좋아하는 과일이라 한다.
*녹음방초綠陰芳草 : 우거진 나무 그늘과 풀(꽃다운) 여름철을 가리키는 말.
*적정適正 : 알맞게, 적당하고 바름.

기적의 朴鄭李

박정이

등허리는 굽어 있어 새우등에 석자수염
四色黨派 黨利黨略 갈등과 싸움 속에
　사색당파　　당리당략
칠년壬亂 재난 불러 이 땅 위의 많은 백성
　　임란
살생 비참 코무덤에 상식 비극 빈곤 극치

임진란 후 삼백 년간 거듭거듭 퇴락하다
백년 전엔 세계 지도 어디에도 없어졌다
망하고 없어진 후 회생 불씨 어딨다가
칠년 사이 삼인 탄생 기적 불씨 天福이여
　　　　　　　　　　　　　　천복

1910년 설움 속에 이병철 씨 태어나고
세계 속에 부를 창출 전자왕국 건설했다
1915년 정주영 씨 시련은 있어도 실패는 없다
자동차에 조선대국 성공신화 만들었다

1917년 작고 못생긴 박정희 씨 태어났다
패배의식 뿌리뽑고 성공의식 깨우쳐서
부국강병 수출주도 중화학공업 육성전략
외자도입 성장약진 역사흐름 돌려놓다

朴鄭李 삼박자가 발이 맞고 손이 맞아
　　박정이
백년 만에 한 사람이 올까말까 영웅들이
한꺼번에 세 사람이 이 땅 위에 태어나서
饑餓에서 해방하고 창조의식 깨우쳤소
　기아

단군왕검 開天 이후 무에서 유를 창조
　　　　　개천
세계 중에 우뚝 세워 도움받던 나라에서
도움 주는 나라에로 초고속 성장 유일하대
이 기상과 이 맘으로 弘益人間 봉사하자
　　　　　　　　　홍익인간

박정희 씨 일본군에 입대했다 비난 마소
이차대전 싸움꾼을 도처에서 이긴다오
이병철 씨 정주영 씨 과오들을 찾지 말우
그의 업적 견준다면 紅爐에 點雪이다
　　　　　　　　　홍로　　점설

백주년이 다가온다 차례대로 다가온다
우리 동포 가슴가슴 모셔보자 국립묘지에
가냘픈 유관순이 품었던 태극기를
만국기 가운데서 높은 곳에 세우자

33

남북 이산가족 상봉

어쩌다가 이 민족의 국토가 허리 잘려
어쩌다가 한 핏줄이 소식 상봉 두절된 지
기나긴 반백 년을 한을 안고 살았는고

한 맺힌 삼팔선과 죽음 전쟁 유월사변
아비규환 생지옥의 目不忍見 참혹 참상
　　　　　　　　목불인견
살을 에고 뼈를 깎는 한 맺힌 55년

만났도다 만났도다 우리 핏줄 만났도다
꿈에도 그리던 이산가족 한 핏줄이
이념체제 쇠담장을 훌쩍 뛰어 만났도다

넘쳐난다 분출한다 한 맺힌 과거사가
무엇으로 표출하랴 세상말이 모자라고
이 세상의 글로써도 나타내기 어렵구나

할 말이 너무 많아 말문이 꽉 막히고
눈물과 포옹으로 마음 대신 나타낸다
긴 이별 짧은 만남 원통하고 절통하다

가거들랑 빨리오라 90 노모 당부말씀
떨리는 그 음성 꺼져가는 그 음성에
서울이 울고 평양도 울고 땅이 울고 하늘도 울고
─2000. 8. 15

하늘빛 靑磁色
청자색

멀리서 보면 보이고
가까이서 보면 안 보이고
잡으면 잡힐 것 같으면서
잡아보면 잡히지 않는 빛이여

석가는 설산에서 하늘빛 보았고
예수는 광야에서 하늘빛 보았고
공자는 안회의 죽음에서 하늘빛 보았고
바울은 노변에서 하늘빛 보았고
우리는 청자에서 오묘한 하늘빛을 본다

시퍼렇게 내려다보는 눈빛
어둠속에서 지켜보는 눈빛
죽음 저쪽 심판의 눈빛

여명의 눈빛이어라
억울을 보상할 눈빛이어라
분함을 보상할 눈빛이어라
안으로 안으로 다지는 눈빛이어라
나를 끌어안아 주는 눈빛이어라

울며 치마폭으로 눈물콧물 닦아주는
어머니 눈빛이어라
심청이가 소원을 빌었던 빛이여
　　　　　　　　　　—2003. 2. 25 저녁

＊오늘은 노무현 대통령이 취임하는 날이다. 이어령 씨의 책 《흙 속에
　저 바람 속에》〈색채미에 대하여〉에 있는 고려자기의 미에 관한 대목
　을 읽으면서 생각나는 것을 써본다.

뒷집 할배 돌아가셨다오

뒷집 할배 돌아갔소 왔던 곳이 어딘데
없는 곳이 있었던 곳 그곳으로 갔단 말가
이 세상에 있는 것들 거기에서 왔단 말가
없는 곳이 참 있는 곳 안 뵈는 곳 다 있는 곳

우리 모두 거기에로 나면서 간다 말가
가던 길에 쉬어가는 여관인가 시장인가
여관에서 쉬던 손님 아쉬워서 손 흔들고
만났던 이 이별이라 눈물지며 서러워 운다

세상 와서 희로애락 겪는 것이 잠시잠깐
그만한 것 못 참아서 어찌하여 야단인고
입맛도 갖가지요 세상맛도 갖가지라
이왕 왔다 가는 세상 오미육미 맛 다 보자

맛 속에 행복 있고 행복 속에 맛이 있다
올라면 다 와봐라 삼킬 듯한 怒濤 와도
　　　　　　　　　　　　　　노도
너의 성정 그런 것을 그러다가 가는 것이
너울 따라 너울너울 좋게만 생각는데

가족

나는 가장 너는 가모 옹기종기 모여앉은
2남 3녀 내 가족들 자기 일은 찾아 하자

부모님을 중심으로 사랑으로 뭉치어서
저녁밥상 둘러앉아 행복함을 맛을 본다

내가 하는 힘든 일을 천직으로 자족하고
니의 분수 지기면시 헹복힘을 느꺼본다

잠든 아기 바라보면 고단함도 잊어지고
천사보다 더 예쁘고 꽃보다도 예쁘더라

이놈 볼기 다독이고 저놈 손발 만져보니
부모 생각 떠오른다 행복 맛이 꿀맛 같다

부족함은 자족으로 채우고
부족함은 희망으로 충족하고
부족함은 사랑으로 채워주고
넘쳐남은 사랑으로 깎아내어
하루하루 자족으로 행복이 깃든다

돌부처

아이들이 돌을 던져 코를 맞힌다
매일처럼 돌맞히기 히히호호호
코를 맞고 빙그레 그냥 서 있고
얼굴 맞고 빙그레 웃고 서 있다

할머니들 두손 모아 정성 드린다
아주머니 합장하여 탑돌이한다
속세의 모든 시름 다 잊고 섰는
변함없이 웃고 섰는 돌부처님

우리 동네 팔푼이다 웃고 다닌다
근심걱정 모르니까 웃고 다닌다
세상 것을 다 아시는 부처님 웃고
세상 것을 다 모르는 팔푼이 웃고

＊시작노트 : 부산 대청동 절집 위에서 살았다. 절집에 아이들이 놀러와서 돌멩이로 돌부처님 코를 맞히기로 한다. 한 아이가 돌을 던져 '내가 코를 맞혔다' 하면 아이들이 너도나도 돌을 던진다. 돌멩이가 코에만 맞는 것이 아니라 머리도 맞고 몸뚱이도 맞고 발도 맞고 한다. 그러나 돌부처는 성을 내거나 나무라거나 하지 않고 빙그레 웃고 서 있다. 어떤 때는 할머니 아주머니들이 정성 모아 빌고 또 절해도 항상 변함없이 웃고 서 있다. 그래서 우리들이 존경의 대상으로 삼는가 보다. 우리 동네 바보도 항상 웃고 다닌다. 부모형제가 다치고 죽어도 항상 싱글벙글 웃고 다닌다. 세상 것을 다 아시는 부처님이나 아무것도 모르는 팔푼이나 극과 극은 통하는 바가 있다고 여겼다.

노선버스

기다리던 노선버스 반갑게 왔다
기다리던 그 시간은 지루도 했다
남녀노소 빈부귀천 섞여서 탄다
원근의 목적지는 서로 다른데

버스에 오른 사람 다양한 안석 방법
자리를 양보하고 양보 받는 분
앉은 사람 선 사람 자리 찾는 분
이 좌석 저 자리로 옮기는 사람
한 자리에 앉고서는 끝까지 가는 사람

타자마자 큰소리로 떠드는 사람
횡설수설 취객의 넋두리도 있고
싱글벙글 웃음 띤 즐거운 사람
오만상을 찌푸린 짜증스런 얼굴

인간 역정 맛을 본다 진면모 본다
고된 삶도 즐겨 삶도 정해진 노선버스
앉아 가나 서서 가나 인생여정
오래 삶과 짧게 삶이 문제이런가

戰神 李忠武公
전신 이충무공

1592년 4월 13일에 7년 임난 시작되다

四色黨派 싸움으로 해가 뜨고 해가 지고
사색당파

양반상놈 계급사회 백성 원성 하늘 닿고

황윤길의 必有兵禍 김성일의 병화 없다
        필유병화

有備無患 요구되고 桑土補巢 필요했다
유비무환   상두보소

전쟁 나니 선조 임금 백성 두고 서울 두고

蒙塵길로 떠났지만 우리 장군 이순신은
몽진

전공 쌓아 백성딸코 백성 환성 높아지니

시기질투 대상 되어 削奪官職 白衣從軍
                    삭탈관직 백의종군

盡忠報國 盟誓하니 魚龍動에 草木知라
진충보국 맹서   어룡동   초목지

必死則生 必生則死 不死呪文 되뇌이며
필사즉생 필생즉사 불사주문

나라 위해 백성 위해 논밭 갈아 씨넣을제

땅밑 생물 죽어 뛰듯 왜병들의 비명 절규

큰칼 한 번 번쩍이면 번갯불을 토해낸다

검명 따라 재현되니 一揮掃蕩 血染山河
                    일휘소탕 혈염산하

한산대첩 학익진에 73척 적선 수장하고
아비규환 불바다는 침략자를 삼켜버려
멸살 왜적 불호령에 사방팔방 호응방성
사쿠라 군락처럼 화사하게 불탔어라
실전만이 제일훈련 승리만이 제일보약
천지현황 포포마다 불을 뿜고 환성진동

용장지장 덕장책사 문무겸비 충무공은
초라한 13척이 400여 척 적선 맞아
전신경지 풍운조화 한칼에 수백 수천
벼락까지 내리치니 대야망의 풍신수길
살과 피를 삼킨 바다 울돌목은 울고 있다

길

추억을 쌓아놓은 연인들의 돌담길
외롭게 고독감을 씹어보는 고샅길
정들었던 고향 산천 조감하는 언덕길
코스모스 곱게 핀 한들한들 걷는 들길

모를 심을 논일하러 동네 안길 진창길
대도시를 벗어나서 한적한 길 시골길
새벽공기 가르면서 기도제단 새벽길
장마 끝에 구름 끼인 어두컴컴 산 고갯길

사람 살기 시작하며 왔다갔다 길이 생겨
많고 많은 시행착오 겪으면서 차차 생겨
틀림없다 자신 생겨 모르는 곳 오고 간다
완벽한 길이 되기 매우매우 어려웠다

사명대사 길을 따라 서산대사 찾았더니
어디로 왔느냐고 추상같이 물음했다
길을 따라왔노라고 고분고분 대답할제
벼락같은 고함으로 누가 길로 오랬냐고
호통쳤다 야단쳤다 무릎 꿇은 사명대사

임란 때라 왜군들게 들킬까봐 야단쳤나
사명 너는 선지자라 남이 낸 길 밟지 말고
네가 새길 만들어서 중생 걷게 하란 말가
선행자가 걸은 길로 뒷사람은 그 길 간다

길을 내는 민족들은 흥성왕성 발전하고
성을 쌓는 민족들은 멸망하고 점령된다
로마는 사통팔달 길을 내서 세계 지배
세계를 정복했다 성이 없는 칭기즈칸

사람 나고 길이 났다 길을 따라 살아간다
수많은 지혜의 길 수많은 착오 결과
빠르고 수월하게 밟아 만든 길들이다
조상들의 지혜이고 살아온 발자취다

삼일관리

한줌한줌 흙이 쌓여 태산이 되었다네
오늘 하루 쌓여져서 한평생이 구성된다
어제는 이미 세상 내일은 아직 세상
오늘을 충실하게 후회 없이 살아가자

삼라만상 나의 행복 준비하고 대비한다
고단하게 일한 몸을 편히 쉬게 어둠 주고
먹고살 일 하랍시고 밝은 햇살 비춰주네
나의 행복 날 즐겁게 일 꾸미고 있노라네

밭을 가는 농부가 뒤돌봄은 합당찮고
돌이킬 수 없는 과거 마음 주지 말게나
후회스런 과거사에 오늘이 뭉개진다
자승자박 마음에서 흔적 없이 지우자

내일 일을 위하여서 염려 걱정 말아라
내일 걱정 내일 하자 꾸어 걱정 하지 말자
한날의 괴로움은 그날에 족하다네
미리 걱정 하노라고 오늘이 망가진다

오늘 없는 어제는 후회 통한 뭉치 되고
오늘 없는 내일은 안의 근심 밖에 걱정
어제는 지나갔고 내일은 아니왔다
오늘을 충실 성실 후회 없게 살아가자

어제오늘 내일이 갈마들어 새것나다
삼일 속에 나고 늙고 한평생의 울타리다
어제 후회 내일 긱징 마음빝이 공허 황폐
오늘을 즐겁게 오늘을 행복하게
　　　　　　　　　　—2013. 1. 10

한 쌍의 참새

나는 또 언제 올 줄 모르는
이 세상에 와서
나목에 앉아 울고 가는 새처럼
값없이 받은 선물들을 한껏 누리다
떠나련가 서산 노을진 곳으로
몹시 추운 겨울도 떠나는 달
슬프거늘
진달래꽃 필 때
쟁기진 아버지 앞에 오쫄대며
소 몰고 오려나

못 먹어 부시시
매끄럽지 못한 참새 곁으로
조실부모 서러운 새
곱고 고운 참새 한 마리 짝지 되어
세상살이에 시간은 가고,
潛着한 세상 사는
　잠착
구름같이 지났구나
나목 삭은 가지에 앉아
꿈 같은 세상사에 늙는 줄도 몰랐구나

견우와 직녀처럼 물가로 가지 말고
산으로 가자 서로 손잡고
풍진 세상 것 털털 털어놓고
너울너울 가자꾸나

붉은악마 응원단

丙戌年의 6월 한달 독일월드컵 쟁취의 달
　병술년
세계 강호 프랑스와 대등한 경기 장면
별과 같은 축구선수 세계적인 지단, 앙리
우리 선수 놀랍다 태극전사 힘내라

붉은악마 응원단들 邪鬼惡魔 쫓는색깔
　　　　　　　　　　사귀악마
전통악기 사물놀이 눈과 귀에 각인된다
시청 앞의 광장에서 독일 나라 운동장에
응원가가 울리고 사물소리 퍼진다

地軸을 뒤흔드는 전통악기 사물소리
지축
雷公雨士 雲士風伯 四神들을 불러모아
뇌공우사　　운사풍백　　사신
弘益人間 以民爲天 단군임금 건국이념
홍익인간　이민위천
祭天祈願 國泰民安 雨順風造 세세풍년
제천기원　국태민안　우순풍조

夫餘와 고구려에 迎鼓東盟 있었으니
  부여   영고동맹

추수감사 祭天行事 단결 결합 모임였고
         제천행사

이 신명 이 미침이 축구축제 편승되어
감사미침 단결미침 승리미침 더불어 미침

조선 선비 흉노 몽골 돌궐 거란 소수민족
곰호랑이 신화 가진 자랑스런 오랑캐다
몽골은 세계정복 흉노족은 로마 멸망
여진족은 金淸으로 극동에서 유럽까지
        금청

오십 년의 압축성장 한강기적 이룬 나라
넓은 가슴 활짝 펴서 감싸안자 온 세상을
반도에서 벗어나서 온 세계를 무대 삼자
새로운 응원문화 온 세상에 퍼져간다

지구촌의 축제다 온 세상이 요동친다
우리 선수 이겨라 태극전사 이겨라
온 겨레가 하나 된다 온 세계가 하나 된다
울면서 웃으면서 손뼉치고 두드리고

—2006. 6. 30

＊시작노트 : 2006년 6월 18일 월요일 새벽 4시 10만여 명이 밤잠을 설쳐가며 한국 대 프랑스 전을 관전하였다. 우리나라에서 응원 원정을 간 사실이 TV에 나왔다. 시청 앞 광장과 전국 방방곡곡마다 거리응원과 현지 원정응원도 밤을 새우고 새벽 4시가 넘도록 관전하고 출근을 포기하는 자도 많았다. 붉은악마 응원단은 붉은 체육복과 사물소리와 응원가를 부르며 국내는 물론 세계 각처의 대사관이나 영사관이 있는 곳마다 함께 보며 응원전을 벌였다고 뉴스시간에 상영되었다.

사람에게는 오관을 통하여 외부의 정보를 접하는 기관 중에 가장 큰 역할을 하는 것이 보고 듣는 것이다. 그런데 우리 응원단의 옷은 붉은색이다. 가는 곳마다 붉은색이 넘쳐나고 상징적 색깔로 자리잡았다. 4년 전 한일월드컵 때부터 시작하여 두 번째로 자리 잡아 간다. 다음은 듣는 것으로 사물놀이다. 사물은 첫째 꽹과리인데 이는 우렛소리와 같다 하여 뇌공雷公이라 하고 다음은 장구인데 장구 소리가 소나기 소리와 같다 하여 우사雨師라 한다 셋째가 북인데 구름이 둥둥 떠 있는 것을 상징한다 하여 운사雲師라 한다. 마지막 넷째인 징은 큰 바람 소리 같다 하여 풍백風伯이라 한다. 우리나라의 건국신화 중에 천부인天符印(광명의 표시인 거울과 위엄의 표시인 칼과 은택의 표시인 곡식)과 우사雨師, 운사雲師, 풍백風伯과 무리 3,000명을 거느리고 백두산 꼭대기의 단목수하에 내리셨다는 건국신화에 따른다면 이 사물은 단군 임금님 때부터 있었던 것으로 추측된다. 이와 같이 붉은 악마응원단은 각국 응원단 중에서도 모범적이었다. 등수를 매긴다면 1등 감이었다. 대한민국 국호를 외치고 엇박자를 치며 각국의 환영을 받으며 각국의 응원단과 호흡을 같이하며 불같은 열기와 친화력으로 국위를 선양하는 붉은 악마는 국제사회에 널리 활동한다. 한국 대 프랑스 전에 있어 비록 기량은 딸렸으나 끝까지 포기 않는 끈기와 열정이 자랑스러웠다. 앙리나 지단이 노쇠했어도 최고의 플레이를 하는 스타들 앞에 굴복하지 않는 우리 선수가 놀라웠다.

밤을 새워 응원하는 우리 국민, 시청 앞 광장, 독일로 원정 간 응원단의 열정적으로 응원하는 붉은악마 그 정열 그 신명은 어디서 온 것인가? 응원가를 부르며 한마음 되어 미친다.

부여와 고구려에 영고와 동맹이 있었다. 부여의 영고迎鼓는 부여국의 연중행사로 음력 12월에 실시하던 원시 부족국가의 명절이고 동맹東盟은 고구려에서 해마다 10월에 농사가 끝나면 온 나라 백성이 모여 노래와 춤으로 즐기던 풍속이다. 농경사회인의 축제다. 고구려의 조상들은 농사일을 끝내고 카니발이었다. 추수감사절이나 제천행사를 마치고 노래와 춤을 추며 놀았다는 것이다. 동맹이란 "동매" 동여 매다의 이두체 표기고 단결, 결합 등의 뜻이다. 농경사회 이후 우리의 성취한 결과를 한자리에서 동여매는 일은 없었고 성과를 즐길 뿐이다. 2002년 한일월드컵 이후 "동매"를 경험한다. 4년에 한 번 돌아오는 월드컵에서 세계인이 놀랄 영고제를 열었다. 오래전부터 우리의 피 속에 흐르던 "신명"이 깨어났다고 생각한다.

새벽 4시에 수십 만이 깨어난 원동력일 것이다. 한편 러시아의 연해주에는 소수민족으로 우테계족 나나이족 말갈족과 만주지방의 조선 선비 흉노 몽골 돌궐 거란 등의 소수 민족들도 고구려 발해 후손이며 이들이 극동에서 유럽까지 세계를 다스렸음을 알 수 있다. 우테계 족을 보면 "우테"란 말은 "자궁"이란 말이요, 어머니의 대지란 뜻이다. 따라서 돌궐은 튀르크 터키를 세웠고 로마를 멸망시킨 흉노-훈족 훈가리 훈가리의 "가리"란 몽고어로 "나라" 다이는 우리말 '한겨레'가 아니던가. 몽골은 세계를 정복했고 여진은 금金을 세우고 중국의 청나라가 되었다. 조선(대한민국) 우리가 바로 천하를 호령했던 자랑스런 오랑캐다. 중화주의와 식민사관에 의해 우리들 자신을 잊어 버리고 있었다. 중국의 동북공정은 발해와 고구려를 뺏어갔다. 우리가 뺏어와야 하고 세계를 상대로 혹은 무대로 살아가야 한다. 붉은악마의 상징인 고조선의 전신인 치우천왕은 도깨비가 아니고 사람이다. 붉은악마는 지구상의 많은 나라들과 친화력을 가지고 붉은색과 사물놀이로 세계 사람들의 눈과 귀에 각인되어가고 있다. 한류를 만들어 가고 있다. 돌궐제국의 영웅 "돈유쿠"는 성을 쌓는 자는 반드시 망하고 끊임없이 이동하는 자만이 살아남는다고 했다. 우리 민족도 문호를 활짝 열고 밖으로 나가면 번창한다. 백제와 신라는 번창했고 쇄국정책을 쓴 고려와 조선은 망하고 말았다.

한가위만 같으소서

한가위의 보름달은 둥글고도 가득하다
온 들판에 오곡백과 풍성하게 익어가고
벼이삭 수수이삭 가을바람에 속삭이고
풍요로운 보름달은 삼라만상 비추네

티 없이 맑은 하늘 휘영청 보름달아
산지사방 흩어졌던 내 자식과 이웃분들
건강 빌고 재수 빌고 오고 감에 고통 없게
정화수를 떠다놓고 두손 모아 비빈다

핵가족 사회상에 부담걱정 앞서구나
토끼 같은 내 자식들 고생길 귀향길을
역귀성길 택하여서 자식 찾아 내가 갈까
어머니가 계신 곳이 고향이 아니던가

명절 후의 공허감과 정신적인 상실감이
부요한 살림살이 못 미치는 살림살이
세상살이 각박하고 남을 위한 배려빈약
나부터 즐거운 봉사활동 실천하자

동산에 뜨는 달도 높은 산을 먼저 비추고
부처님도 만물 중에 위급한 자 먼저 구하니
한가위 보름달아 그늘지고 어둔 곳까지
더도 덜도 말으시고 한가위만 같으소서

퇴근 후의 술 한잔

긴장되고 고단한 하루일과 끝이 나면
약속이나 한 것처럼 술자리에 모여진다
너도 한잔 나도 한잔 주거니 받거니
주어서 친해지고 받아서 흐뭇하고

하루 동안 있었던 일 이런 일 저런 일들
한 순배 도는 사이 마음을 털어놓고
동료간에 서로 알려 희로애락 같이하고
모인 정감 쌓인 사연 털어놓고 상호 위로

안주는 고정메뉴 윗사람께 불평불만
이 사람의 불평불만 저 사람의 불평불만
안주도 갖가지다 이 말 듣고 한잔 들고
저 말 듣고 한잔하니 거나하게 취해진다

황혼의 저녁놀이 바다 위에 짙게 깔려
취객이 더욱 취해 이리 비틀 저리 비틀
흥겨워서 노래로다 즐거워서 노래로다
옹기종기 모여앉은 토끼 여우 손짓한다

마음의 꽃밭을 가꾸자

내 마음에 꽃씨가 심겨 있다
누가 심었는지는 나도 몰라
불쌍한 것 측은히 여기는 맘
눈물 짓고 도움 손 내뻗치네

수치스럼 부끄럼 알고 있어
애써 숨고 피하려 고개 돌리네
의식주의 좋은 깃 사양하고
양보하니 꽃이요 촘내여라
　　　　　　　　　향
불의 보고 성내고 안절부절
팔다리가 부르르 들숨 날숨
마음 꽃밭 벌나비 쉬어가게
外侵內憂 없애는 꽃 가꾸기하자
　외침내우
속에 근심 밖에 걱정 없애주는 꽃마음 갖자
　　　　　　　　　—2003. 9. 3

＊함석현《너 자신을 혁명하라》를 읽고

한 장 남은 단풍잎

또 한 장의 단풍잎이 떨어진다
또 한 장의 달력이 떨어지고 한 장만 달랑달랑
한여름의 꿈을 안고 돋아나던 연녹색의 눈틈도
무성함과 푸르름을 자랑하던 억센 잎도 달랑달랑
이제 모두 대자연이 갈라놓는 운명 앞에 달랑달랑

붙은 곳에서 떨어지는 두려움이런가
그 많던 희망 포부 못다 이룬 아쉬움이런가
갈라서는 모진 이별의 가련한 정이런가
모진 세파 이겨 새긴 황혼미색의 퇴색이런가
뭇 번뇌 종식의 예고신호등이런가
바뀌려는 떨어지려는 찰나의 희열이런가

皆骨山의 九龍瀑布
　　개골산　　　　구룡폭포

그리던 개골산을 어느덧 다가서니

붉은 털옷 녹색 자락으로 살픈 발등 가리우고

빼어난 그 자태 허물없이 반겨주네

萬古에 丹粧한 얼굴 안개구름 너울 속에
만고　　단장

아련히 나타난다

한 번 보고 반한 눈이 두 번 보고 讚嘆한다
　　　　　　　　　　　　　　　찬탄

세 번 보고 취한 길손 정신이 아른아른

눈을 의심 소리 의심 침묵 속에 아른아른

눈얼음도 길손처럼 九曲肝腸이 녹아녹아
　　　　　　　　구곡간장

폭포 되어 흐르면서 취한 길손 깨운다

나는 한 그루의 나무가 되기를

한자리에 나서 자라 잎이 피고 잎이 지고
봄이 오면 오만 잡새 이 가지서 저 가지로
계절을 노래하고 바람을 노래한다
물소리 바람 소리 온 산천이 노랫소리

깊은 산의 한 그루의 나무가 되고 싶다
낫이나 도끼톱의 위협에서 벗어나서
자랄 대로 크게 자라 산 아래와 산 위 하늘
한눈에 보고 오가는 세상 소식 바람께 듣고

산새 멧새 날아오고 날아가도 상관치 않고
花木花草 갖가지 색 꽃이 피고 잎이 피어
　　화목화초
벌과 나비 불러 모아 요란하게 잔치해도
시샘 없이 너그럽게 잎 가지만 너울너울

봄이면 연록색옷 여름이면 진록색옷
가을이면 화려하게 단풍으로 갈아입고
겨울 준비 미리하여 冬芽새싹 만들고서
　　　　　　　　　동아
겨울이면 落葉歸根 눈꽃송이 맞이한다.
　　　　낙엽귀근

北風寒雪 몰아쳐도 雪花한테 위로받고
　북풍한설　　　　　　설화
그의 뿌리 땅을 안고 부둥켜 안고 섰는
가지는 흔들려도 뿌리는 안 흔들려
작은 나무 보호하는 바람 없는 강인이여

눈보라가 몰아친다 눈꽃송이 눈뭉치에
가지 하나 부러진다 요란한 골짜기다
소리 없이 내린 폭설 팔 하나 꺾인 나무
悠悠自適 먼 곳 보며 우뚝 서서 견뎌낸다
　유유자적

복잡함도 분별없이 단순하고 담박하고
희로애락 벗어나서 무심하게 살았으면
하루 삶이 하루 죽음 죽어가는 한정시간
나무처럼 살고 싶다 나무처럼 죽고 싶다

큰 산의 큰 나무는 바람 막고 그늘지어
작은 나무 돌봐주고 이웃 통해 자기 알고
자기성찰 자기반성 견고한 인품수양
개인욕구 초월한 원 원 속에 내가 녹여

끝없는 삶의 지표 사회적인 희망복지
원에서 원으로 자꾸자꾸 반복되어
거듭거듭 태어나고 날마다 새로워라
요동 없는 거목 되어 순간 삶도 소홀 없다

큰 삶의 願 내 녹은 願 정진하고 매진하면
　　　　원　　　원
다함없는 번뇌 끊고 이웃 구원 道 이루자
　　　　　　　　　　　　　도
道成人身 높은 푯대 간절하게 구하여라
도성인신
찾아보라 만나리라 문 두드리라 열리리라

한 그루의 나무가 되기를 원하노라
冬芽 짓고 落葉歸根* 裸木들의 숨은 뜻은
동아　　낙엽귀근　　나목
다음 세대 넘겨줄 생명의 씨앗 되리
자식 위한 부모 심정 이 사랑이 깨달음 길

＊낙엽귀근落葉歸根 : 잎이 떨어져 뿌리로 돌아간다는 뜻.

이 또한 지나가리라

千軍萬馬 침입하여 국가기틀 흔들리고
_{천군만마}
生死岐路 헤매일 때 혜성처럼 나타나서
_{생사기로}
패전을 승전으로 개선장군 되었어도
이 또한 지나가리라 이 또한 지나가리라

四面楚歌 敗亡兆朕 곳곳에서 일어나고
_{사면초가   패망조짐}
孤立無援 위급함이 사방에서 몰려와도
_{고립무원}
落心挫折하지 않는 태산 같은 마음 갖자
_{낙심좌절}
이 또한 지나가리라 이 또한 지나가리라

사해차지 부유함에 자만심이 넘쳐나고
사업마다 성공하니 재산처럼 교만 넘쳐
나를 먹는 병이 드네 겸양공손 약이건만
이 또한 지나가리라 이 또한 지나가리라

총명하고 생각 높아 높은 자리 앉았어도
어리석고 못난 듯이 지켜나갈 자리건만
용맹함이 온 세상을 진동하고 약동해도

이 또한 지나가리라 이 또한 지나가리라

배고픔과 헐벗음이 이 몸을 침노하여
자존심도 수치심도 홀라당 裸身 되어
             나신
인생의 나락에서 流離漂泊 할지라도
            유리표박
이 또한 지나가리라 이 또한 지나가리라

사랑하는 사람들과 이별이란 煩惱으뜸
                     번뇌
살을 에고 피 말리는 서러웁고 아픔이라
땅을 치고 울어봐도 시원치를 않구나
이 또한 지나가리라 이 또한 지나가리라

높아지면 낮아지고 많아지면 적어지고
화려한 것 추해지고 있었던 것 없어지고
없었던 것 일어나선 있는 것 되어가니
세상사는 周易이라 이 또한 지나가리라
        주역

천병만약 많고 많다 병을 모두 못 고치고
많고 많은 고통번뇌 무엇으로 벗어날고
내 마음을 내 스스로 다스리고 위로하자
이 또한 지나가리라 이 또한 지나가리라.
―2012. 1. 23(정월 초하루)

＊다윗이 주조인에게 황금을 주며 평생에 좌우명이 될 글을 이 반지에 새기어 만들어라 명하였다. 주조인은 생각 끝에 지혜 있는 왕자 솔로몬에게 물어봤더니 '이 또한 지나가리라' 란 말을 넣으라고 했다고 Midrash라는 유태인 경전에 나와 있는 말이다.

미쳐 산다

세월 따라 소 걸음에 계절 따라 순리대로
계절 따라 씨 뿌리고 가꿔 거둬 살아왔다
철없는 요새 농사 철 그른 농작물에
어리둥절 미쳐 산다 분간 못해 미쳐 산다

太昊伏羲 天皇님은 그물을 창작해서
태호복희　　천황
고기 잡아 먹는 법을 瘡生에게 가르쳤고
　　　　　　　　　　창생
많은 고기 잡으려고 대해대양 누비누나
넓은 바다 높은 파도 위험천만 미쳐 산다

돈 많이 벌려고 밤잠도 설쳐댄다
시장통에 장사치들 아옹다옹 설쳐댄다
기업가들 사업가들 돈벌이에 눈불 켠다
촌음을 아껴가며 미쳐서 살아간다

학자들은 정진한다 높은 경지 도달하려
만사를 제쳐놓고 미지세계 도전한다
차원 따라 원리진리 무궁무진 쌓여 있다
닿을 듯도 말 듯도 한 경지에서 미쳐 산다

이 세상의 모든 것은 잠시잠깐 찰나이요
4차원의 靈의 세계 좋은 환경 황홀경에
　　　　영
절대자에 歸依하여 영원무궁 살고파서
　　　　귀의
박애자비 仁으로 길닦음에 미쳐 산다
　　　　인

不狂이면 不及이다 萬千 사람 미쳐 산다
불광　　　불급　　　만천
안 미치면 살맛 없다 살짝 미쳐야 살맛 난다
이왕 미쳐 살 바에는 잘 미쳐야 하겠는데
5복 미침 8복 미침 어느 미침이 놓은 건가
이리 미침 저리 미침 잘 미침이 문제로다

거룩한 희생

성인봉함 갑판에서 이를 악문 한주호 준위
삼십오 년 해군 노병 조국 위해 몸바쳤다
후배들을 집어삼킨 험악한 백령바다
사십육 명 후배들이 갇혀 있는 바다 밑 속

공기압의 오배 넘고 빠른 조류 악천후에
동료들을 구하려고 나흘을 뛰어들어
싸늘한 시신으로 떠오르고 말았었다
군인이 다다를 가장 높은 봉우리에

눈먼 부친 광명 주랴 공양미 삼백 석에
인당수의 깊은 물에 제물 되어 던진 심청
인당수가 거기란다 사십육 명 광명 위해
살신성인 솔선수범 군인의 길 거룩한 길

소말리아 해적선에 한 준위가 적을 제압
대한남아 기개를 세계만방 떨쳤다
청천벽력 전해들은 그의 부인 장교 아들
슬픔 아픔 억누르고 추모객을 반듯 맞네

삼십오 년 군인생활 헛되게 안 살았다
군인가족 모범가족 보는 이도 흐뭇하다
우리 국민 당신의 거룩한 희생정신
머리를 조아리며 감사해요 거듭거듭
—2010. 4. 4

* 천안함 폭파로 한주호 준위의 희생에 제하여.

제2부

기다리는 인생

백두산

하늘의 뜻을 실어 단군 국조 내리신 산
보기에 아름답고 살기 또한 좋으신 곳
風雨雲師 호위 아래 천부인과 삼천 무리
   풍우운사
홍익인간 이념으로 神市 이뤄 다스린 곳
                 신시

幽幽閉閉 억겁 년 전 한울님의 攝理 따라
  유유폐폐   섭리
하늘 열어 나라 세운 거룩한 곳 백두산
남북으론 막힌 길을 이웃 나라 돌고 돌아
설레이는 가슴 안고 거룩한 산 바라보니

안개는 자욱하고 원시림도 森森하다
                      삼삼
풍운조화 이는 건가 안개인가 구름인가
이슬빈가 안개빈가 맑았다가 흐려지고
영기정기 서려설까 흐리다가 다시 맑네

고산이라 숨가쁘고 걸어오르니 숨가쁘다
기대 속에 가슴 뛰고 정상이다 싶을 적에
천길만길 아래쪽에 쪽빛깔의 천지연이

산봉우리 병풍 속에 겹나게 펼쳐 있다

중국에서 바라보는 백두산정 천지연은
깊어서 푸르른가 정기 서려 푸르른가
두 다리가 후들후들 머리가 아찔아찔
발밑이 자글자글 현기증이 이는구나

살아생전 백두산을 꼭 힌번 보고파시
이렇게도 그려보고 저렇게도 생각했던
역사 깊은 신령한 산 오늘에야 안기어보니
꿈이런가 생시런가 행복감이 한량없다

살아생전 통일 되면 우리 땅을 밟고 와서
네 얼굴을 다시 보고 萬端精懷 풀어보자
만단정회

— 1996년 8월 중국으로 가서 백두산을 관광하다

自 覺
자각

역경 난관을 도전 飛躍의 발판으로 삼고
　　　　　　　　　비약
쓰라린 고통 뼈아픈 모욕을 이기려는 그 의욕
다지고 또 다져서 골수에다 새긴 자각
신념의 촛대에다 불씨 하나 붙여놓고

자기 극복 어려움은 阿鼻叫喚 절규여라
　　　　　　　　　아비규환
죽음과 맞바꾸는 지긋지긋한 독사지옥
그 쓴잔 마실 각오 그 용광로에 뛰어들 용기
새롭게 탄생되는 창조물의 번민 고통

멸시 천대 학대 기아 참고 참으며
헤쳐나갈 문을 찾아 해법을 찾아
자각의 悟性 위에 指南의 바늘 따라
　　　오성　　　지남
생명줄을 다리라

역경 난관 자각에서 목적을 밝혀내고
신념으로 행동하니 습관이 되어
의도된 습관은 천성으로 변하여
나의 운명 나의 숙명 개척자 된다

이미 다 받았네

물려받은 가난을 벗으려 하였더니
이미 부지런함과 절약함을 주시고
행복코자 부유를 구했더니
자족을 알라고 가난을 주셨네
뜨거운 사랑을 구했더니
작은 봉사부터 하라시네
과거를 회고하며 참회를 하였더니
미래를 향하여 살라고 복음을 주셨네
잘살기를 구했더니
마음을 다스리는 修身을 하라시네
　　　　　　　　수신
번창을 구했더니
안으로 안으로 작아지는 법을 알려 주었네
구한 것 한 가지도 받지 못하였으나
이미 더 좋은 것 다 받았네

山芳山 · 2
산방산

내 고장에 우뚝 서서 모진 광풍 막아주고

薰風은 끌어안아 雨順風調 조화 이뤄
훈풍　　　　　　우순풍조

年年歲歲 풍년 들어 먹여주고 살찌우네
연연세세

山芳山아 산방산아 자고 새면 바라본다
　　　　산방산

이 산 보고 살던 조상 이 산 밑에 뼈를 묻어

자자손손 잘살라고 땀 흘리고 애를 썼네

산새 묏새 지저귀고 山紫水明 좋을시고
　　　　　　　　　산자수명

五色土와 무짓틀 奇巖마다 전설이요
오색토　　　　　기암

절벽마다 琪花瑤草 靈氣 精氣 서려 있네
　　　　기화요초　영기　정기

飛禽走獸 악천후에 염소굴에 안식하고
비금주수

명산 찾아 오신 길손 부처굴에 기도하네

微物들도 靈物들도 빠짐없이 보살피네
미물　　영물

玉씨굴을 찾아갈제 코밑에는 절벽돌에
옥

뿌리 박힌 나무 뿌리 손으로는 매달리고

발바닥은 오므리고 숨소리는 가빠온다

그 옛날의 옥씨 마음 오늘 내가 경험했네

한두 평의 굴 속에서 甘露水로 생명 건져
감로수

광명 찾고 행복 찾이 수명대로 살았던고

산방산에 올라서서 구슬땀을 식히면서

사방팔방 둘러보니 보이는 게 仙境이요
선경

선경 위에 놓인 마음 秘境에 머무른다
비경

구름처럼 피어오른 온갖 상상 떠오른다

허상망산 공상실상 날개 펴고 날개치네

이 고장이 뉘 고장고 우리 고장 분명하네

네가 있고 내가 있어 더욱더욱 좋을시고

長蛇島 기행
장사도

선경호에 몸을 싣고 장사도로 찾아갈제
갈매기는 호위하고 파도들은 춤을 춘다
호수 같은 바다 갈라 바닷길을 헤쳐간다
포구를 떠나면서 뱃고동도 요란하다

남부 저구 바다 건너 동서길이 1.9㎞
거제도서 떨어져서 돌아앉은 一字 섬아
　　　　　　　　　　　　　　일자
누에 닮아 蠶絲島요 뱀을 닮아 진뱀이섬
　　　　잠사도
날씨 따라 원근 달라 방파제로 앉았는가

동백 후박 십만여 주 풍란석란 기화요초
팔색조와 동박새가 둥지 틀고 살아가고
자연친화 해상공원 천연솜씨 신비롭다
해무에 살짝 숨어 신비감이 더해진다

장사도는 해발 백팔 미터 한 개의 바위섬
평지라곤 정상 능선 능선 따라 길이 있고
천석 규모 야외공연장 머리십이 작품 있고
백년대계 교육시설 장사도 분교 앉아 있다

굳게 잠긴 교실에는 책걸상과 풍금 한 대
주인 잃고 외로웁게 쓸쓸하게 놓여 있다
곳곳에 손때 묻은 정성들이 서려 있고
청마의 시비에는 행복이 숨을 쉰다

사군자

千辛의 준령 넘고 만고의 물을 건너
<small>천신</small>

피눈물과 땀방울로 모진 고통 겪은 후에

시야는 넓어지고 疏外事物 다가오네
<small>소외사물</small>

자연은 교과서요 동식물은 내용이라

그중에 신묘한 진리로 일깨우고

본보기로 삼을 만한 행실로 이끄나니

모든 인생 믿음 주고 의지하고 따름하니

고고하다 梅蘭菊竹 사군자라 이름하다
<small>매난국죽</small>

무서운 동장군이 삼라만상 짓누르니

雪寒風에 萬山草木 잠이 든 듯 죽은 듯이
<small>설한풍   만산초목</small>

계명성이 여명 찾고 雪中梅花 봄 부른다
<small>설중매화</small>

칠흑 같은 세상에서 광명한 빛 찾아낸다

가냘픈 풀인 난초 단아조화 사철 푸름
정조 지킨 선비같이 은근고상 자태로다
여린 색의 꽃잎들이 벌어질 듯 오므렸고
동양적인 靜的美요 그의 향기 은근하다
　　　　　　　정적미

수많은 초목들이 각양각색 꽃을 피워
벌과 나비 불러 모아 즐김잔치 벌였고
계절 따라 시들고 절기 따라 죽었으나
국화 너는 秋霜孤節 獨也色色 꽃피우나
　　　　　추상고절　　독야색색

瀟灑한 竹 기품 몸매 잎마다 간직하고
　소쇄　대
마디마다 굳은 절개 곧게 높이 쌓였어라
風塵表物 虛心全眞 만고불변 표상이여
　풍진표물　허심전진
청사기록 바탕이요 충신열녀 절개로다

飛盧峯의 소나무
비로봉

蓬萊山 제일봉에
봉래산

우뚝 솟은 낙락장송

성삼문의 죽은 넋이

化身 되어 우뚝 섰나
화신

忠孝에 다듬어진
충효

독야청청 그 氣槪여
기개

할아버지와 손자

짝짝 짝짜꿍 짝짝 짝짜꿍
잠잠 잠잠잠 잠잠 잠잠잠
진진 진진진 진진 진진진
도리 도리 돌도리
할아버지와 손자가 똑같은 어린이가 되어
손짓 몸짓 눈짓한다

손자에게 알려준다 기르쳐 준다
자기가 경험한 할머니와의 사랑을
도리도리 짝짜꿍 가르쳐 준다

저녁놀 위의 할배와 손자

긴 그림자 끄을며 손자 이름 부른다
무언가 자기 장난에 도취되었다가
뒤돌아보며 부르는 할아버지께
뒤를 쫓아간다 오쫄오쫄 따라간다
먼 바다 저쪽의 저녁놀을 바라보며
긴 그림자 느리우고 허리 펴고 바라본다
오늘은 저 해가 지지만
내일이면 또 뜨리 또 떠오르리

봄 · 1

봄은 가득 찬 빛 만물의 눈
봄은 풀들의 찬미 꽃들의 자랑
봄은 따스한 원천의 힘
전일의 힘 창세전부터의 힘
부르면 듣고 올 것만 같고
잡으면 집힐 것만 같은 봄들
미칠 것만 같은 봄이여
미쳐봤으면 좋을 것 같은 봄이어

봄은 둥글다 꽃 잎 새싹
망울망울 동글동글
무극 유극 태극 무궁조화
잠자는 상태에서 깨어나는 상태라서
세상 만물 보려는 희망의 상태라서

약하고 부드럽고 연녹색
새 힘을 보며 미친다
아름다움의 끝을 보려고
춤추며 미친다
극을 달린다

귀 향
― 청마 복원 사업

청마가 좋아하던 메아리가 사는 산골
삼세 억겁 인연 어린 고향 땅 둔덕골에
선조의 무덤 아래 고이 잠든 그이시여

그이가 기른 나무 이 나라의 동량 되고
그이가 기른 꽃들 이 나라를 빛낼 때
삼락의 즐거움에 목련꽃이 수놓으리

그이의 무덤가에 진달래는 피고 지고
영구유택 잠든 곳에 산새 들새 노래할 제
고향의 산자락도 자장가를 불러주리

별

푸른 밤하늘의 별을 바라보자
시원히 뚫린 창을 바라본다
푸른 별 붉은 별 반짝이는 별

옹기종기 모여앉아 속삭이는 별
멀리 떨어져 있는 외로운 별
꾸중 받고 토라진 돌아앉은 별

보석이 반짝인다 영롱한 보석이
온갖 광채 내뿜으며 노래를 한다
조물주의 솜씨를 찬미를 한다
　　　　　　　—1994. 10. 4 새벽

가을밤

찬 이슬 곱게 내린 가을 저녁에
스럭스럭 찌럭찌럭 귀뚤뚤뚤
원근에서 들려오는 온갖 소리들

자장가가 들려온다 온갖 곳에서
잠 못 이룬 늙은이의 마음을 간지럽힌다
온갖 마음 지난일들 머리 들고 이는구나

욕망의 불길이 일렁이던 대낮
달빛이 잠재우고 천지의 소리가 자장가 불러
추억의 화신이 잠 못 이룬다

가을 저녁

처녀 볼같이 아름다운 만추의 저녁놀이 사라지고
미인의 눈썹 같은 초사흘 달이 서산에 뜰 무렵
어둠은 밭갈이 소를 좇아 외양간에 넣고
하루의 피로한 팔다리 툭툭 털고
마루에 앉으니 농부의 참행복이 이것이구나
어둠이 피로한 몸을 씻어 주고
어둠의 이불로 잠들게 한다

야 경

아름다운 세상 밤에 이슬 내리고
별들의 찬미 새벽빛 달 상큼한 물내음
눈부시지 않는 하늘 뭇 벌레 소리
안으로부터 솟아나는 자성자각 희열
이 대자연은 어제 죽은 그이가 그렇게도 보고팠던
오늘이 아닌가 나는 오늘 살고 내일 없어질
심정으로 산다 보는 것마다 들리는 것마다
새롭고 귀엽고 아름답다
모든 것들에게 베풀고 사랑하고 싶다
내일이면 못 볼 것들 그 귀여운 것들
발을 동동 구르며 사랑을 쏟고 싶다
안타까워하며 사랑하고 싶다
자고 일어났던가 죽었다 깨어났던가
죽는 연습을 하였던가 자기 전에 죽기 전에
사랑을 쏟고 싶어 주고 싶어 재만 남고 싶어
그것조차 없고 싶어

추억 · 1

세월은 흐르고 추억은 새롭다
꽃피던 옛날을 회상해 볼 때
잠자는 숨결처럼 달콤만 하구나
　　　　　　　—1996. 6. 어느 날 공주에서

빨리 일하러 가자

먼동이 터오른다 먹장구름 붉어온다
종달새 노래한다 명랑한 아침 노래
불끈 솟는 아침 해는 일할 시간 재촉하네

우리의 소원은 통일

또 하나의 날을 극복하자 통일의 날까지
눈물의 날 사무친 원한을 이루는 그날
나날은 합하여 한 폭의 옷감 되어
우리의 수치를 덮어 주리라
나날은 합하여 연륜을 헤아리나니
언제인고 통일의 그날은!

—1996. 12 어느 새벽

추억 · 2

잡힐 듯 안 잡히는 나이 어린 어린 시절
안타깝다 안타까워 그때 그 시절 어린 시절
더듬더듬 더듬으면 손아귀에 만져질 듯
소곤소곤 속삭이면 응답하며 돌아설 듯
대답한 듯 안 들리고 잡힌 듯 놓친지라
그대는 어디 가고 나만 홀로 서러운고
　　　　　　　　　—1976. 11. 21 밤

거제도 해금강

한반도 남녘 바다 푸르게 펼쳤는데
십자형 거제도가 날개 펴고 앉았네

바다서 밀려오는 모진 풍파 막았고
북에서 밀려오는 피난 자리 되었네

금강산 세계 명산 북녘에서 잠자는데
짝 잃은 해금강은 목메이 울부짖네

물거울 비춰가며 몸단장도 영겁이라
토라진 신부처럼 빼어나서 외롭구나

바위마다 괴암이요 틈새마다 기화요초
나무마다 괴목이요 파도마다 금파은파

해무운무 몰아다가 자태를 감추이고
시원케 내리우는 비바람도 그저 맞네

발에는 금은구슬 몸매에는 천년 이끼
머리에 얹었구나 천년 노송 학 한 마리

서산 노을

하루의 힘든 일 다 마치고
땀 흘리던 괴로움도 포근히 감싸주네
꼬집고 싶은 노을이여 부둥켜 안고 싶은 노을이여
인생의 황혼에서 바라보는 노을이여

이빨 아리던 아픔도 부모 죽은 설움도
하늘이 노오랗게 보이던 배고픔
폭탄처럼 온몸을 불사르고 싶던 분노
불같이 타오르던 정념으로
몸뚱이를 공처럼 굴렸네

이제는 모두 끝마쳤다 끝났는가봐
지팡이에 몸 기대고 노을을 바라보고 섰다가
노을 쪽으로 서서히 서서히 걸어간다
긴 그림자 끌며

삶인가 경쟁인가 투쟁인가
속도 정확 난이도 美를 겨루는 올림픽인가
　　　　　　　　미

내가 달릴 길 다 달려봐도
죽음 저편에 있는 참음을 다 참아 왔어도
남은 것은 무엇이며 얻은 것은 무엇인가
잃은 것은 무엇인가
잃은 것은 청춘이요 얻은 것은 주름살이요
남은 것은 무수한 추억
무수한 추억을 안고 황혼을 바라보며
어두운 저녁을 생각한다

서산에 지는 해는 노을도 고와라
하루에 힘든 일 다 끝내고
한가로이 숨돌리며 바라보면은
지난일들을 되씹으며 잊어가며
지난 꿈은 노을에다 다 비친다

길로 가자

자연에 순응해서
자연스럽게 만들어진 이 길
누군가 걸어간 곳
가자가자 길을 따라가자

이미의 길은 점점 지름길 큰길로
좌우로 치우침 없이 中庸之道로 가자
　　　　　　　　　　중용지도
기웃거림 없이 목표를 향해 가자

꽃도 피는 길 있어 산 아래서 산 위로
단풍은 산 위에서 산 아래로 길을 따른다
물도 길을 따라 바다로 간다
길로 가자 길로

예수는 광야에서 사랑의 길을 인간에게
석가는 설산에서 자비의 길을 인생에게
가시 밭에서 백합화처럼 향기롭게 사는 길을
고해에서 연꽃처럼 청순하게 사는 길을

우주도 길을 따라간다

지구도 하루하루 길을 간다

지구는 한해 한해 길을 간다

脫道는 죽음이다 멈추면 파멸이다
　탈도

끊임없이 쉴 새 없이 길로 가자 길로

이놈의 소야 길로 가자 길로

우리 어머니

동산이 밝아온다 먼동이 튼다
해어진 옷 구멍마다 추위가 스며든다
이리저리 싸매어 불끈 동이고
방아 찧어 쌀 만들고 동이 이고
동네 샘물 길러 와서 아침밥을 짓는다
아궁이 불 지펴 한숨 돌리며
마음을 녹인다 손을 녹인다
마디마디 손마디가 공이처럼 여물다

죽은 듯 고요한 마을에 닭이 울고 개가 짖어
잠을 깨어 희미한 등잔불 밝혀놓고
꽃잠 들어 있는 아기 볼 쓰다듬고
바람 들어 꽃잠 깰까봐 포대기 다독여 놓고
길쌈 일을 시작한다 우리 어머니
신 삼고 새끼 꼰다 우리 아버지
　　　　　　　　—1990년 동절에

나의 스승 가난이시여

가난은 나에게
가정의 협력을 가져왔고
작은 것 하나라도 얻음의 고마움을 갖게 하고
부지런함을 가르쳤다
부유하게 살라고 시시각각 권면하고 가르쳤다

사랑하는 사람(부모 형제 처자)이 옷 달라 밥 달라고
울부짖는 소리가 귀에 쟁쟁하게 들리는 것 같아
쉬지 못하게 일하게 했다

뼈저리는 가난의 슬픔을 깨우쳐 주었고
가난은 더럽고 무서운 병보다 더 더러운 것을 알게 하였다

가난은 나에게 이상보다 현실을 소중하게 가르쳤다

가난은 나에게 갖가지의 속담을 깨우쳐 체득케 하였다

＊한강을 건너기보다 한끼 건너기가 어렵다.
＊째지게 가난하다.
＊가난은 나라도 못 구한다.
＊가난한 놈은 성도 없다.

감사하자

얼굴 못생겼다고 거울 깨고 짜증 내는 자여
자기 얼굴 볼 수 없는 눈이 없는 자를 생각하자

신이 없다고 울지 말고 신을 발이 없는 자를 생각하자
노래 잘 부를 수 없다고 자학 자탄하지 말자
목구멍으로 숨을 못 쉬는 자를 생각하자
옷 없다 울지 말고 옷 입을 튼튼한 사지 있음을 감사하자

아들딸이 속 썩인다고 한탄하는 자여
속 썩일 무자한 자를 생각하자
치매 노환으로 속 썩는 자식된 자여
효도할 부모 없는 사람 생각하자
일 많아 허둥대고 짜증 내는 사람아
일 없어 노는 실업자를 생각하며 감사하며 살자

소나무·1

나무나무 소나무는 늘 푸름을 자랑코나
北風寒雪 몰아치는 겨울에야 나타내고
　　북풍한설
百折不屈 불변하는 꺾임 없는 그 절개로
　　백절불굴
연년세세 이어가는 소나무의 큰 기상

나무나무 소나무의 억센 기상 억센 침엽
억수처럼 밀려오는 風塵世上 근심걱정
　　　　　　　　　　풍진세상
그 억세고 그 많은 창끝으로 뚫고 찔러
이겨낸다 살아간다 하늘 향해 굳게 서서

나무나무 소나무는 배워준다 새겨준다
忠臣義士 일편단심 배우셨다 새기셨다
　　충신의사
烈士烈女 가슴속에 시시각각 새기셨다
　　열사열여
娑婆世界 번뇌 번민 이기셨다 사르셨다
　　사바세계

하면 된다

머리는 하늘 이고 두 발은 대지 딛고
시선은 천지 중간 두 주먹 불끈 쥐고
무지갯빛 희망봉으로 서서히 걸어가자

하면 된다 하면 된다 높은 의지 강한 심정
가슴속에 간직하고 이 생명 다하도록
품은 뜻 이루도록 달리고 또 달리자

튼튼한 이내 두발 당기며 가자가자
갖가지 장애물을 헤치며 길 만들며
늦기 전에 늙기 전에 전심전력 달리자

걷는 발아래는 못 갈 길 아주 없고
일하는 손 앞에는 못 할 일이 전혀 없다
가자가자 달리자 깡충깡충 뛰며 가자

—2000. 8. 26

*이봉주 선수는 국제 달리기 대회에서 2위만 3번 했다. 목표시간을 발로 뛰어 단축했다는 아침 방송을 듣고.

강강술래

빙글빙글 돌아간다 빙글빙글 돌아간다
한마당의 온 사람들 하나 되어 돌아간다
하나같이 돌아간다 한마음 되어 돌아간다
한마음같이 돌아간다

우리우리 하나이다 모두모두 하나이다
손과 손을 마주잡고 빙글빙글 빙빙글
똘똘 뭉쳐 돌아간디 입과 입을 함께 모이
노래하며 돌아간다 하나인 것 확인하며

강강술래 돌아간다 강강 돌아간다
술술 돌아간다 레울레울 춤을 추듯
우리는 하나 우리 겨레도 하나
분할분열 없는 통일통일 통일이다

*2000년 음력 8월 15일 추석날에 TV에서 강강술래 노래를 들으며

단 풍

가을바람 서늘하다 하였더니
차가운 바람으로 변하여 부니
노란 단풍 붉은 단풍 뿌리로 떨어진다

무성한 그 잎새들 언제 누가
가르쳤나 단풍 들고 떨어지고
삼라만상 때를 따름 따름이네

피어날 때 노랗더니 떨어질 때
또한 같이 귀엽고도 아름답게
우리 인생 잎새같이 끝맺음하리

기다리는 인생

장에 간 엄마를 기다리는 동생
건강하기를 기다리는 병든 사람
부자 되기를 기다리는 가난한 사람
쉬는 시간을 기다리는 지친 일꾼
안 아프고 죽기를 기다리는 영감 할매
곡식 익기를 기다리는 배고픈 농부
풍랑 멎기를 기다리는 뱃사람
천당 가기를 기다리는 신도들
비를 기다리는 가뭄 중의 농부들
만나기를 기다리는 이산가족
사랑하기를 기다리는 처녀총각
탈 것을 기다리고 합격하기를 기다리고
짐 벗기를 기다리고 시시각각 기다리고
한달 두달 기다리고 10년 20년 기다리고
한평생을 기다리다 가는 인생
기다림은 살아가는 生動力
  생동력

廢王城·1
폐왕성

주먹 맞은 감투에 촛불에 그을린 흰수염은
崇文抑武 치우친 정치 문무간의 싸움 시초
숭문억무
피바람을 몰고와서 毅宗 廢王 明宗 卽位
　　　　　　　　의종　폐왕　명종　즉위
重房都房 武人정치 일백 년을 이어갔네
중방도방　무인

文尊武卑 벼랑 끝에 폐왕이 된 의종왕이
문존무비
殿下渡로 건너와서 示牧馬場 거림農幕
전하도　　　　　　　시목마장　　　농막
생활터전 이름 짓고 자주방에 여관이골
심벙가시 나무 심고 안치봉 매주봉
高麗葬地 천년秘歷 곳곳마다 유적이라
고려장지　　　비력
산새묏새 종알거림 그 속에도 숨었느뇨

산골에 어둠 오니 온갖 개구리 합창 소리
천둥지둥 들려오고 천둥 소리 벼락불빛
으르렁거림 있을 적에 땅이 흔들 성벽 破聲
　　　　　　　　　　　　　　　　　　파성
말 울음과 고함 소리 완연히도 들려온다
의종왕의 넋이런가 망혼들의 외침일까

廢王城 · 2
폐왕성

폐왕이 쉬어간 곳 한 서린 폐왕성에
巨林住民 民草들은 해마다 祭 올리니
거림주민　　민초　　　　　　제
섣달그믐 목욕재계 한밤중에 올라와서
옹달샘에 물 길어서 젯밥 짓고 소지 올려
망령들을 慰撫하고 풍년 농사 빌어왔네
　　　　위무

친대산 麻姑힐미 오지닢으로 던진 돌이
　　　마고
동백나무 너덜겅 되니 뿔난 가재 지붕이요
청아한 물소리는 옥구슬을 구르는 듯
돌 밑에서 확성 되어 은은하게 퍼져온다

귀촉도 귀촉도야 슬피 우는 귀촉도야
님 떠난 지 옛일인데 아니 잊고 슬피 우노
옛날 고적 찾은 길손 발걸음을 가벼웁게
애간장을 물어뜯는 흐느낌을 그쳐다오

사랑이 태어나는 성탄

날씨가 추워진다 따뜻한 위로 필요한 자 예수 찾아가자
이기심과 온갖 욕심 짙은 안개강 건너편에 진리의 별 따라
동방박사 세 사람도 유혹의 강과 가파른 험산 넘어서
신비의 별 아기예수의 별 따라 길을 잃지 않고 찾아왔네
베들레헴 말구유 안 짚더미 위에 애틋한 울음 퍼지는 곳
황금 유향 몰약 예물 바쳤네

날개 달린 천사는 아니더라도
외롭게 소외된 자 연민의 찬 위로를 건네주는 천사
헐벗고 굶주린 이에게 자신의 몫을 떼어서라도
먹을 것과 입을 것을 주는 천사
사소한 일에도 감사의 표현을 잃지 않는 천사
남의 이야기를 끝까지 들어주는 천사
화해와 용서하는 일에 조건을 달지 않는 천사
내 이웃을 위한 사랑의 천사가 되자

산타의 헤아림 많은 선물 축복의 따뜻함이
기대되는 날 나의 재산 많고 적음 나의 역량
어떠하건 나의 능력 따라 빵과 마음 나누어 주자
그대의 재산이 축나는 것을 겁내지 말고

그대보다 궁핍한 자에게 나누어 주자
그 선택은 살아 있는 자 되게 하여 준다
바로 지금 여기서 미루지 말고 시작하자
나눔의 기쁨이 천사 되는 길
일 년 내내 사랑이 태어나는 성탄이 되게

밤·1

하루 종일 논밭에서 힘든 일을 끝마치고
지친 몸을 이끌고서 즐거운 집 보금자리
눕자마자 잠이 들어 피곤 곤피 씻어내어
생기발랄 거뜬한 몸 튼튼한 몸 깨어난다

한밤중에 깨어나서 사방오방 둘러봐도
보이는 것 민둥공선 위로 열린 창문에는
크고 작은 뭇별들이 반짝반짝 영롱하고
바람들도 자는가봐 아주 조용 조용하다

날카롭던 눈초리도 욕심에 찬 행동거지
밤의 어둠 이불 덮고 태초시원 장면이네
욕심들을 잠재우고 죄와 허물 잠재운다
靜中動에 動中靜 苦盡甘來 終幕인가
　정중동　　　동중정　　고진감래　　종막

나

나는 무엇인가
내 뼈가 나인가 내 살이 나인가
나는 과연 무엇인가

나는 누구인가 잠잘 때가 나인가
깨었을 때가 나인가 과연 나는 누구인가

나는 죽어 있나 살아 있나
살아 있을 때가 나인가
잠잘 때가 나인가

나는 무엇인가 나는 누구인가를
알아야만 하겠는데
나를 알자
알 것 같으면서 모르겠고
모르면서 살면서
알려고 발 구르며 몸부림치며
경로석 양로원을
눈 흘겨 바라본다

＊1950년대 6·25사변의 참상을 몸으로 겪으면서 60년 70년대의 새마을 기수로서 촌음의 여가 없이 앞만 보고 우리 세대는 살아왔다. 호구지책에 여념이 없던 시절 꿈 같은 고통에서 이상향을 꿈꾸며 비행기가 논밭에 농약을 뿌려 해충을 제거하는 꿈이 현실로 되었을 때 꿈은 깨고 현실은 허망하여 나는 과연 누구인가 두리번거리며 경로석의 늙은이가 거리의 노숙자가 양로원의 늙은이가 새마을의 기수요 꿈의 전도사였음을!

친절한 봉사는 興旺의 비결
흥왕

꽃이어라 정다운 표정 상냥한 인사말

香내여라 친절한 봉사 다정한 미소
향

나비여라 공손한 인사 민첩한 행동

至誠感天 柔順한 순종 興旺의 불꽃이어라
지성감천   유순   흥왕

손님을 극진한 친절로 모시자

손님을 임금처럼 존경으로 모시자

손님은 마음 주며 반가워한다

손님은 손해 보며 즐거워한다

만인을 나보다 나은 이로 모시자

만인을 기뻐하고 즐거웁게 하자

만인이 나를 선택케 하자

만인의 마음에 주인공이 되자

친절은 국경도 언어도 초월하고

친절은 색깔도 남녀도 초월하니

친절은 외롭지 않으니 천하와 더불고

친절은 꽃이 되고 향내가 되어 나비처럼 춤춘다

친절한 봉사자는 사랑의 대상
지극한 봉사자는 신뢰의 대상
우둔한 손님도 친절은 안다
친절은 돈이 된다 흥왕이 된다
　—2003년 7월 18일 재일교포 유태식 씨 성공담을 TV에서 보고

푸른 꿈을 안고 땀을 흘리자

땀 흘리며 살라 신의 지시
에덴에서 쫓겨난 아담과 이브
땀으로 땅을 정복하고
땀으로 만물을 다스리라

높은 이상 푸른 꿈을 안고
착하고 조심스럽게
열정과 속성도 누르고
牛步로 한 걸음 한 걸음
　우보

부동의 목표는 나부낀다
영광과 존귀로 반짝인다
성실과 진실의 도약의 땀
죽음 저쪽에서 부르는 인내의 땀

성공은 묵묵히 참고 흘린 땀의 열매
높고 높은 이상을 실현하는 단계 계단
屈從과 억울을 되씹어 삼키는 땀의 결정
　굴종
한 계단 한 계단 쉬지 말고 가자가자
　　　　　─2003년 7월 28일 재일교포 유태식 씨 성공담을 듣고

봄 비

보슬보슬 봄비가 온다
대지를 흠뻑 적셔
온갖 초목이 싹이 트고
나무마다 눈이 튼다
보기 위해 눈이 트고 싹이 나니 봄인가 보다
우윳빛 하늘 아래 온갖 초목 춤을 춘다
안개 속에 앞산 뒷산 정감 있게 보이는데
초목들이 입김인 양 이불 같은 호감 주네

―2003. 4. 11 아침

행 복

행복 다복 보인다 저기 앞에 보인다
무지갯빛 행복이다 쫓아가서 잡아보자
잡힐 듯 안 잡히고 안타깝고 얄밉고나
머리카락 희어지고 등허리가 굽어지고
눈이 멀고 귀가 먹고 이빨들이 다 빠져도
행복을 못 붓잡고 성성턴 몸 다 늙었네

황금직업 자식 학식 용모 건강 온갖 행복
한 짐 가득 짊어지고 행복 찾는 이 사람아
앞만 보고 뛰지 말고 옆과 뒤도 돌아보소
한없이 많은 행복 곳곳마다 쌓여 있네
정신없이 찾지 말고 가진 것을 누려보소
가진 것이 모두 행복 오는 것도 모두 행복
가는 것도 모두 행복 나는 행복 다복하다
행복하다 느낄 적에 행복 샘물 솟아난다

천 사람도 만 사람도 행복 찾아 헤매인다
온화하고 따뜻한 맘 행복 와서 자리잡고
살벌하고 소란한 곳 재앙 와서 머무른다
마음에서 욕심 빼고 자족으로 채우소서

날마다 행복하고 일일마다 행복하고
만나는 사람마다 행복마음 나눠주고
문전에 드는 사람 행복하게 마음 주네

욕심심연 불평불만 불연기가 등등하고
티끌 먼지 이는 마음 물 뿌리고 소제하소
위 없는 행복이란 자족밖에 또 있을까
온갖 욕망 풍랑 되고 재앙 되어 다가온다
불쌍한 자 도움 주면 행복을 알게 된다
모자라고 못난 자를 부조하고 도와주면
행복한 맘 자리잡고 기쁜 마음 넘쳐난다

가진 것을 나눠주고 따뜻한 손 잡아주소
병든 자를 안아주고 슬픈 자를 위로하면
행복이란 절로 오고 기쁜 마음 만연하여
천하 사람 내 친구요 천하 사람 내 형제네
주는 손이 복이 있고 나눔 기쁨 복됨이네
—2003. 10. 6

시계 소리

시계 소리 재깍재깍
시작도 끝도 없는 소리
저 소리 속에서 나고 늙고 병들고 죽고

조용한 새벽 시간에 잘 들리고
분주한 시간에는 안 들리고

내 아침을 준비하는 소리
내 점심을 거르는 소리
내 저녁을 고단해 잠들게 하는 소리

내 생명을 갉아 먹는 소리
내 죽음을 재촉하는 소리
죽어가는 사람이 더 듣고파 하는 소리
어제 죽은 그들이 듣고팠던 소리

태어나는 자의 걱정의 소리
사는 자의 고통의 소리
죽어가는 자의 슬픔의 소리

기다리는 자의 가슴 졸이는 소리
인내하는 자의 죽음 건너편의 소리
꺼져가는 잿불의 한심한 소리
일하는 자에게는 격려하는 소리
노는 자에게는 망하는 소리
쉬는 자에게는 재충전의 소리

분한 자에게는 이 가는 소리
독을 품은 자에게는 간이 망가지는 소리
사랑을 품은 자에게는 희열의 소리

이러나 저러나 오는 소리
이러나 저러나 있는 소리
이러나 저러나 가는 소리

아침 안개처럼 산천에 머물다가
아침 이슬처럼 맺혔다가 가는 소리
낮 구름처럼 떠돌다가 가는 소리
저녁놀처럼 아름답게 사라지는 소리

자 尺
척

사람마다 가진 자가 눈금이 달라
지나치다 알맞는다 갖가지 평가
불협화음 왁자지껄 떠들어댄다
내 자 눈금 낮추어서 화음 만들자

시기 질투 미워함도 벗어버리고
사랑자로 맞추자 자비스럽게
인자자로 맞추자 용서하면은
인간 평화 내 맘속에 이루어진다

—2003. 9. 27

＊시작노트 : "이 세상은 말 많은 동네니 말로써 말이 많으니 말 많을까 하노라(옛시조)" 너는 날 보고 틀리다 하고 나는 널 보고 틀리다 한다. 가진 자의 눈금이 다르니 같을 수가 있나 의당 다르려니 생각하고 세상을 살면 화합되고 조화 이뤄 즐겁게 살아가자. 산절로 수절로 하니 산수간에 나도 절로 사랑하고 자비롭게 용서하며 살아가자는 것이다. 보측步測 목측目測 미각味覺 청각聽覺 취각臭覺 비각鼻覺 촉각觸覺 추측追測 억측憶測까지 합하면 사람마다 다른 자로 재니 시끌벅적하다.

鷄鳴聲
계명성

힘센 해도 저녁놀 속 잠자리에 깔고 들고
飛禽走獸 하나같이 쉴 곳을 찾아든다
_{비금주수}
어두움이 포근하게 잠자리를 다독이고
동짓섣달 긴긴밤을 늙은이는 지새운다

멀리서 아련하게 계명성이 들려온다
遠近各處 홰를 치며 우렁차게 가냘프게
_{원근각처}
두등 울고 세등 울면 어둠귀신 멀리 쫓고
새벽의 예고던가 아침해의 산고던가

번민고통 짓눌린 자 생활고와 사랑갈증
밤샘하는 병든 이들 이리 뒤척 저리 뒤척
그렇게도 어둡던 밤 그렇게도 지루터니
소록소록 애틋이 얕은 잠길 접어든다

그렇게도 호통쳐서 어두움을 멀리 쫓고
그렇게도 애절하게 아침 부른 계명성에
한가한 시골농촌 안개구름 베일 속에
산뜻한 아침해가 동녘산에 떠오른다

새 해
— 2005년 乙酉年
을유년

다사다난 묵은해는 노을 밑에 사라지고

칠흑 같은 어두움을 밀쳐내고 새해가 솟네

불덩이 같은 새 희망을 가슴마다 안고 품고

파도 같은 세상 風霜 삼백예순 내딛는다
　　　　　　　풍상

우리들이 사는 우리 따뜻하고 포근하리

모듬살이 모듬정신 큰 이익을 앞장세워

닭의 해라 을유년에 홰를 치는 鷄鳴聲
　　　　　　　　　　　　　계명성

五德* 갖춘 닭 본받아 서로 돕고 사랑하자
오덕

精製돼온 민주주의 시장경제 원리 따라
정제

민주정치 민주사회 풍요롭고 활기차게

오순도순 모여 사는 정다운 곳 우리 우리

새해를 맞이하는 처음 마음 잊지 말자

사대악법 휘젓은 곳 민주불안 국민분열
타오르던 경제성장 기름 마른 등불 되고
온갖 시위하던 곳에 실업자와 노숙자라
촛불시위 일삼더니 구직난과 방위부담

화합단결 芟除 되고 번득이는 눈빛 아래
       삼제
갈팡질팡* 어릿광대* 黨同伐異* 異狀氣流
                당동벌이   이상기류
同族相殘 재연될까 걱정燃氣 진동하고
동족상잔   연기
고요한 兵力減縮 재미 좀 본 결과런가
      병력감축

*닭의 오덕五德 : 문文, 무武, 화和, 신信, 근勤을 닭의 오덕이라 한다.
  1. 머리에 벼슬을 이고 있다. **문文**
  2. 삼지창 같은 발톱을 가졌다. **무武**
  3. 모이를 보면 다른 닭들과 나누어먹는다. **화和**
  4. 새벽이면 꼭 알린다. **신信**
  5. 발로 땅을 파서 모이를 먹는다. **근勤**
*2004년의 사자성어 좌왕우왕左往右往, 2003년 사자성어 갈팡질팡.
*어릿광대 : 정작 광대가 나오기 전에 먼저 나와서 우습고 재미있는 이야기로 판을 어울리게 하는 사람.
*당동벌이黨同伐異 : 같은 의견의 사람끼리는 돕고 다른 의견의 사람은 배척함.

雪·1
설

밤새 내린 하얀 눈이 온 세상을 바꾸었다
아무 소리 나지 않게 사뿐사뿐 내린 눈이
앞집 개도 짓질 않고 뒷집 개도 모르게
삼월 첫주 일요 아침 백년 만의 많은 눈

산도 들도 하늘도 깨끗하게 하얀색
온갖 가지 색깔들도 하얀색이 덮이었고
갖가지의 모양들도 둥그스럼 보기 좋네
몽실몽실 둥실둥실 모난 데가 없어졌다

잎이 떨린 나무나무 가지마다 눈꽃 피고
잎이 달린 소나무와 대나무도 꽃피었다
우리 집 마당에도 흰눈꽃잎 쌓였구나
보기 좋게 쌓였구나 탐스럽게 복스럽게

온 세상 사람들 마음이면 좋겠다
온 세상 사람들 생각이면 좋겠다
온 세상 사람들 행동이면 좋겠다
온 세상 사람들 꿈이면 좋겠다

예리함도 없어지고 모난 데도 없어지고
티도 없고 흠도 없고 미움 질투 시기 없고
가지가지 색깔 모양 다 없어지고 맑은 색깔
밝은 색깔 불순물이 하나 없는 순수한 색깔

내 안과 밖 다 바뀐다 눈꽃 향기 눈 색깔에
내가 바라던 그런 세상 꿈꾸었던 그런 세상
끝긴 곳에 민취힌 나 눈바림 찬바림이
코를 물고 귀를 물어 취한 나를 깨운다

山芳山 · 1
산방산

부모님이 보시던 산 부모님을 보던 산

達磨님은 面壁 9년 深妙한 哲理 깨달았고
　달마　　면벽　　　심묘　　철리

부모님은 面山 평생 깨달음이 있었던가
　　　　면산

和光同塵* 평범 일상 봉제사에 자녀 양육
화광동진

배고파서 보던 산 서러워서 보던 산

疾 忍苦에 보던 산 분통 터져 보던 산
질 인고

억울해서 보던 산 기뻐 좋아 보던 산

갖가지의 사연 따라 희로애락 서려 있다

강풍태풍 폭풍우를 龍盤虎踞* 굳게 서서
　　　　　　　　　용반호거

자연 앞에 미력한 이 보호하고 지켜주네

심오한 天門開闔* 태곳적의 신비 있고
　　　천문개합

신비한 靈氣로써 羽化登仙* 이끈다
　　　영기　　우화등선

산자락 펼쳐진 곳 億劫의 속삭임은
　　　　　　　　　억겁
사랑스런 여인의 품 다정다감 할머니 품
바람 소리 산새 소리 빗소리 자연의 소리
태곳적의 속삭임 초자연의 음률인가

낙엽들은 떨어져서 뿌리로 돌아가고
차가운 백설 머리에 이고 들판에는 비를 뿌려
기름지게 해갈시켜 겨울 작물 키워준다
가지마다 옮겨가며 산새 묏새 노래한다

孤高하다 높은 氣稟 순결하다 그 자태여
고고　　　　　기품
계절 따라 時流 따라 淨潔하게 갈아입고
　　　　　시류　　　　정결
슬픈 이엔 위로를 방황자엔 안정을
靈氣*와 浩然*으로 달래주고 감싸준다
영기　　호연

＊화광동진和光同塵 : 자기의 재능을 감추고 세속을 좇음.
＊용반호거龍盤虎踞 : 산세의 웅장함.
＊천문개합天門開闔 : 하늘 문을 여닫음(노자에 나오는 말).
＊우화등선羽化登仙 : 사람이 날개가 생겨 신선이 됨.
＊영기靈氣 : 영묘한 기운 신령한 기운.
＊호연浩然 : 크고 왕성한 모양 마음이 넓고 뜻이 큰 모양.

어머니와 고향
―움직이는 고향

고향에는 엄마 아빠 정든 산과 정든 들판
바위 나무 정든 이웃 정든 늙은이가 있다
어울리는 멧새 들새 정겨운 울음 있다
갖가지의 세시풍속 구수한 전설 있다

아랫목에 따끈따끈 묻어놓은 밥그릇
사랑한단 말 대신에 자녀에게 정겨움
케케한 안방 안에 어리석도록 정겨움이
된장국 냄새 나는 부엌에 엄마 있고

喪夫한 어머님은 定着을 마다시고
　상부　　　　　　정착
이 자식 집 저 자식 집 유랑생활 다니신다
家母에서 保母로 갈 곳 많고 情 흩어져
　가모　　보모　　　　　　　정
황혼기의 초조 적막 못 견디어 택함일까

피곤한 旅路 택해 봇짐가방 싸서 들고
　　　여로
어머님 심경에는 고향이 움직이고
자식과 손자들 있는 곳이 고향이런가
어머님 심경 따라 내 고향도 움직인다

쑥 내음 흙 내음 메주 내음 자식 내음

始終과 生死가 한 가지라 보았던가
_{시종}　　_{생사}

어머님의 봇짐가방 속내 따라 내 고향도

안개처럼 몽롱하고 엄마 따라 움직인다

그림자 세상

나의 伴侶 그림자여 나 달리면 같이 뛰고
　　　반려
내가 쉬면 너도 쉬고 起擧動을 같이한다
　　　　　　　　　　기거동
地形 따라 빛에 따라 생김새도 다양하다
지형
길쭉하고 짜리몽탕 흐리게도 진하게도

떼놓으려 생각다가 큰 그늘 밑 들어가니
짓궂게도 딸던 반려 소리 없이 사라진다

實像* 虛像* 妄想* 夢想* 모두모두 現像* 세계
　실상　　 허상　　 망상　　 몽상　　　　　　 현상
잠시잠깐 나타났다 사라지는 현상세계

興盡悲來 苦盡甘來 세상사가 그림자다
흥진비래　　고진감래
人生朝露 나 없으면 그림자도 없어진다
인생조로

　　　　　　　　　　—2000. 11. 19

＊실상實像 : 발광체에서 나온 광선이 반사 굴절하여 생기는 실제의 상.
＊허상虛像 : 실상의 형성하는 광선을 반대 방향으로 연장시켜 이루어진 상.
＊망상妄想 : 망령된 생각.
＊몽상夢想 : 헛된 생각, 실현 가능성이 없는 생각.
＊현상現像 : 형상을 나타냄 또는 그 형상. 사진술에서 촬영한 건판 습판따이를 현상액에 담가 그 영상을 현출하는 일.

소녀야

소녀야 너는 순결 무후한 아름다운 꽃
인간본질 함양하고 가꾸는 앳된 시절
인내와 근엄으로 격조 높은 인격 길러
하루가 하루에게 여성으로 다듬는다

머지않아 한 가정을 만들어서 살아갈 제
그 순결 그 슬기가 지붕 밑에 체온 되어
가정에서 번져나와 사회를 이루리라
없어서는 안 될 사람 화목동이 인간 되자

누나야 엄마야 살벌하고 어두운 세상
그 淸靜한 인성으로 살 만한 세상 되게
　　청정
슬기로워 지거라 德性스러 지거라
　　　　　　　　　덕성
家貧良妻 社會溫氣 어머니가 이끌었다
가빈양처　　사회온기

＊국난사양상國難思良相 가빈사양처家貧思良妻란 한시에서 따온 말씀.

기다림

기다림은 필요한 것 충분하고 요긴한 것
기다림이 날 속이고 날 버려도 즐거운 것
기다림은 희망이요 보람이요 빛과 기쁨
기다림에 결실함이 없어도 행복한 순간

기다림의 명상 속에 나타나는 환상들
침잠의 순간순간 황홀경지 맛을 보고
내 인생의 윤기 주고 사색반성 여유 준다
기다림이 없었다면 세상사가 무미건조

허무한 것 기다리는 가엾은 인간 군상
아닌 것을 진실처럼 믿고 믿어 꼭 믿어도
언젠가는 그 군상도 깨달음에 밝아져서
회복할 지혜의지 갖추기를 기다리자

—2006. 2. 3

*시작노트 : 인생은 기다림 속에서 나고 기다림 속에서 살다가 기다림 속에서 죽는다. 기다림은 유한한 인생이 영원으로 나아가는 길이다. 우리들 생활 자체가 기다림의 연속이다. 오늘은 내일을 기다리고 부자는 거부 되기를 기다리고 병이 있는 사람은 병 낫기를 기다리고 재수생은 합격하기를 기다리고 배고픈 사람은 배부르기를 기다리고 농사꾼은 풍년 들기를 기다리고, 변심한 애인이 돌아오기를 기다리고 겨울이 지나면 따뜻한 봄 오기를 기다리고 어머니는 잉태한 새 생명을 기다리고 외로움 속에서 친구를 기다리고 자기가 하고 있는 일에 성공하기를 기다리고 능력의 신장을 기다리고 권력의 가중을 기다리고, 피곤한 자는 쉬고 잠자기를 기다리고 날 버리고 가는 님이 발병 나서 돌아오기를 기다리고 전쟁터에 나간 자식과 낭군이 살아 돌아오기를 기다리고, 매품 팔러간 흥부가 매품 팔아 들고 올 쌀 주머니를 기다리고 제비 다리를 부수어 놓고 행복의 박씨를 기다리는 놀부, 눈을 떠서 광명천지를 기다리는 마음으로 인당수 물에 투신하는 심청이, 도덕사회가 이룩되기를 기다리며 천하를 주유하시던 공자님, 몸소 편력 기사가 되어 세상의 부정을 바로잡고 학대받는 사람들을 돕고자는 돈키호테, 부질없는 천하통일을 꿈꾸며 묘책을 묻는 알렉산드르 대왕에게 그늘을 지우지 말고 비켜 달라는 데모스테네스, 자력 자성 자각 자선 보살행으로 극락 가기를 기다리는 석가모니, 천주의 가호와 은혜로 구세주를 기다리는 유태인, 이 모두 사람의 생활 자체가 기다림을 나타낸 말들이다. 이 많은 기다림이 이루어지지 않는다 하더라도 확실히 즐겁고 기쁜 일이다. 기다림은 그 자체가 희망이요 빛이요 보람이다. 기다리는 동안 행복한 순간에 잠겨 있고 내 인생에 윤기를 주고 사색과 반성과 재고의 여유를 주는 시간이다.

빛을 향해 걸어가자

빛을 향해 걸어가자 밝고 밝은 빛을 보자
음침함도 없어지고 감추인 것 숨김 없다
숨길 마음 자체까지 싹쓸이로 없어진다
만물들은 빛 앞에서 활개 펴고 살아간다

빛을 향한 걸음 앞에 희망샘이 솟아나고
희망 샘물 끊임없이 퍼올리고 또 올려서
나도 살고 남도 사는 悟道(오도) 경지 이르른다
만물들의 靜動(정동)함이 모두 다가 진리이네

빛을 향해 가는 자는 내 앞길이 밝게 뵌다
愼獨(신독)이란 등불 하나 내 속 안에 또 켜진다
온 세상은 교실이요 세상만사 교과서다
사항마다 책장이요 대화마다 가르침

역경이라 시험들을 회피 말고 마주쳐라
용기 있는 사람 앞에 철벽장벽 디딤 되어
높은 차원 이르른다 빛 향하면 그림자는
뒤로 가고 빛 등지면 그림자는 앞에 온다

祖靈님이시여 고이 잠드소서
조령

온화하다 우두봉 밑 양지바른 언덕배기
左靑龍과 右白虎가 아다담숙 품에 안아
좌청룡　　우백호
千年幽宅 擁衛하고 산새 들새 지저귀고
천년유택　옹위
뻐꾹새의 노랫소리 메아리쳐 들리누나

동백나무 너덜겅에 천년 켜는 현악기는
물소린 듯 돌소린 듯 은은하게 들려오고
천년 묵은 게가재들 염불 목탁 소리 내며
바위틈과 돌틈에서 청아하게 퍼져온다

너덜겅 옆 복된 자리 옥돌침대 돌베개에
잔디이불 달호롱불 높이 달아 걸어놓고
봄철이면 살랑살랑 봄바람과 속삭이고
귀뚜라미 우는 가을 별님들과 옛이야기

꿈이어라 朝露여라 浮雲이어라 消風이어라
　　　　조로　　　부운　　　　소풍
四端七情 일어남도 한바탕의 바람인저
사단칠정
푸른 창공 白雲 조각 造化 후에 사라진다
　　　　백운　　　조화
色卽是空 空卽是色 極樂往生 하옵소서
색즉시공　공즉시색　극락왕생

오늘을 멋지게 살자

내가 살아온 수많은 나날들
나는 항상 미래에 살고
오늘은 항상 괴롭고 무거운 짐
미래는 무지갯빛 아름다운 것
장밋빛 향내 진동 달려가 입맞춤하고픈 것들

내가 지나온 수많은 나날들은
오늘을 위해서 살아옴이 아니던가
어제 죽은 수많은 사람들이 그렇게도
보고팠던 오늘이 아니던가
오늘 오늘 오늘을 뜻있고
멋지게 살자
오늘 오늘이 모여 평생이 되는 것

푸른 하늘이 머리 위에 있고
지저귀는 새소리 원근에서 생동감을 흩뿌리고
아침이슬 풀잎마다 영롱한 빛 눈부시고
실개천 흐르는 곳 신부 몸을 감싸듯한 아침안개 드리우고
동네마다 오순도순 개가 짖고 닭이 울고 아기들 울고
사람 냄새 인정 냄새 찌개 냄새 그중에는 네가 있고 내가 있어
외롭지 않고 보고 싶고 살고 싶고 또 보고 싶어라 사랑해요
아다담숙 안고 싶어라

우리 동네 예찬시

牛頭峰 자리잡은 아늑한 삶의 터전
　우두봉

高麗 毅宗 날개 접고 편히 쉬던 廢王城址
　고려　의종　　　　　　　　　　폐왕성지

목욕재계 夜三更에 정성 들인 기도 터전
　　　　야삼경

우리 조상 洞泰民安 기우제와 풍년 기원
　　　　동태민안

요새마다 싱벙가시 土城 쌓아 防衛하고
　　　　　　　　토성　　　방위

동백나무 너덜겅에 잔당 들판 펼쳐 있고

솔곡재와 진등 돌아 佛堂谷에 냇물 멈춰
　　　　　　　　　불당곡

참남지 진흙땅에 등터지는 쌀 벼 이삭

梵衲골과 帝釋堂 뒷등들과 옥터들이
범납　　제석당

門前玉沓 펼쳐 있어 五穀豊盛 인정 넘쳐
문전옥답　　　　　오곡풍성

서로가 서로에게 問安 걱정 상부상조
　　　　　　　문안

千秋萬代 복된 자리 우리 동네 좋을시고
천추만대

속사람 · 1

父情母血 서로 만나 육체 속에 영혼 담겨
　부정모혈
부모 만나 자연 만나 사람 만나 책을 만나
동물에서 거듭나서 생각하는 동물 된다
만나만나 끊임없이 만나만나 사람 된다

속사람은 안 늙는다 속사람은 비어 있다
비어 있어 담겨지고 비어 있어 새로워진다
속사람은 항상 어리고 참되고 알차진다
속사람은 늙지 않고 속사람은 진선미다

겉사람은 늙어가도 속사람은 안 늙는다
어린아이 어린이 동무동무 즐긴다
마음 안의 속사람은 남과 함께 장난한다
나와 네가 어울려서 청순하게 승화한다

겉사람은 생로병사 죽어서 없어진다
속사람은 안 죽는다 어딘가에 살아 있다
異名으로 존재한다 새론 모습 다른 모양새로
　이명
더 자유롭고 더 친밀하게 만물과 화합하고

아름답게 존재한다 만물과 더불고
존재조차 인식 밖에 구속 없는 그 속에서
있는 속에 없는 존재 없는 속에 있는 존재
신비 속에 황홀경에 4차원에 5차원에

겨울나무

병풍처럼 둘리운 산 갖가지의 많은 나무
겨울에는 나무들도 벌벌 떤다 추워서
독야청청 소나무도 겨울 준비는 가을에
나무들도 겨울 예측 미리미리 준비한다

수분농도 낮추고 당분 농도 높이고
단단한 껍데기와 왁스층은 두껍게
효과적인 물관리 열관리로 추위 막고
바쁘게 움직여서 겨울나기 준비한다

가지배열 살펴보소 가지마다 다른 각도
규칙적임 자유로움 기하학적 방법으로
햇볕 받아 살아가게 의지적 지혜롭게
완벽하고 온전하게 배열마다 신기롭다

화려한 단풍 빛깔 체념의 장렬한 표현
두려움 극복력의 굳은 의지 다짐인 듯
절명의 순간에도 아름다움 드러낸다
겨울눈엔 지혜미래 꽃과 잎이 숨어 있다

피해 입는 나무는 겨울보다 이른 봄에
봄이 왔다 방심하고 연한 조직 내밀었다
피해 입기 십상이다 급하다고 신중 잃고
원칙과 기준 흐려 성급하면 한해 본다

나무들은 겨울 끝에 희망하는 새봄 온다
지금 몹시 힘겹지만 겨울눈엔 찬란한 봄
연둣빛과 희망의 꽃 피울 날이 기꺼웠음
예고하는 추위요 알려주는 소식통

그 많은 겨울눈 속 숨어 있는 꽃과 잎들
추위 참고 겨울 이김 기다리는 인종인데
떨어진 낙엽들이 만들어놓은 겨울눈
성급하게 굴지 말고 때를 따라 내밀어라

매년 겨울 찾아오듯 인생살이 삶에도
겨울 같은 어려움이 틀림없이 찾아온다
나무처럼 깨어 있어 준비하고 맞이하여
원리기준 잘도 지켜 한해 피해 입지 말자

오늘

오늘이 있기까지 수많은 어제였다
굽이굽이 사연사연 잇닿아서 있었겠지
삶이란 무엇인지 내 것 없는 내 것 찾아
수많은 산고 속에 오늘이 탄생했네

모으고 쌓았지만 만족 없는 세상살이
감사와 감사로서 주고받고 베푸시라
원망 미움 시기 질투 발가벗어 내던지고
오늘에만 나는 산다 나에게는 내일 없다

내일 걱정 아주 없다 오늘만이 내 것이다
오늘을 보람 있게 오늘에만 내가 산다
쑥 한 포기 아름답고 불쌍하다 개미도
최선으로 섬겨 살자 내일이면 못 볼 것들

*내일이면 나는 죽고 없을 것을 생각하면 내 눈에 나타나 있는 모든 것이 새롭게 보인다. 쑥 한 포기도 그렇게도 아름다운지 여태까지 그냥 스쳐 지나갔던 사물들이 그렇게 여쁘고 그렇게 아름다운지 시골 어디서나 볼 수 있는 개미 한 마리도 어찌 그리 불쌍한지 그 조그만 것이 먹이를 찾아 바쁘게 돌아다니며 꿋꿋이 살아가는 것이 어찌도 불쌍한지 내가 더 산다면 풀 한 포기 개미 한 마리를 그저 보고 넘기지 않고 사랑하고 쓰다듬고 불쌍히 여겨 많이 많이 돌봐 주겠다고 마음먹어본다.

내 陰宅 내가 자리 잡고
　　음택

萬年幽宅 내 자리를 내 손으로 잡아놓고
　만년유택
앉아보고 누워본다 아주아주 편안하다
따뜻한 봄이 오면 할미꽃도 피겠지
진달래꽃 벌과 나비 불러 모아 잔치하지

이 산이 어디멘가 우리 동네 청룡등
아이들이 놀이터요 한가위날 씨름판
우리 동네 청년들 저 동네의 청년들
씨름판이 벌어지면 응원성원 들썩들썩

춘추이면 초등학교 소풍지가 아니던가
가정마다 코흘리개 귀염둥이 꾸러기들
한자리에 모여앉아 갖가지의 놀이 속에
꽃일레라 나빌레라 귀염둥이 놀이장소

내 나이 不踰矩라 언제 이리 많아졌나
　　　　불유구
세월이 유수 같고 須臾 같다 하였던가
　　　　　　　　수유
공자님도 川上嘆에 逝者는 如斯夫라
　　　　천상탄　　서자　　　여사부
不舍晝夜 周遊天下 애석하고 허망하다
불사주야　주유천하

밤·2

보이는 것 마음 끌려 갖은 욕심 일어난다
해님 얼굴 서산 넘자 저녁노을 남겨놓고
하늘에 나는 새도 꿈을 찾아 숲을 찾고
길짐승도 굴을 찾아 언덕 찾아 살금살금

종일토록 논밭에서 힘을 쓰던 농군들도
소 멍에를 내려놓고 자식놈은 소 몰리고
쟁기 괭이 짊어지고 안식처로 돌아온다
동네 골목 들어서면 오순도순 살림살이

가모님은 저녁 짓고 가족들의 식사 준비
학교엘 간 자식들과 이웃 나간 부모 걱정
된장 냄새 찌개 냄새 골목마다 진동한다
애기 울고 개가 짖고 집집마다 들썩들썩

五蘊도 어둠 속에 파묻혀 잠잠하고
오온
오만 욕심 파도들도 어둔 밤에 파묻히고
하늘 별만 깜박깜박 멀리서 비춰온다
보이는 것 좇던 마음 심연의 밤 속으로

오늘 하루 행한 일을 반성하며 살펴본다
행하자던 선행 접고 부실하게 살았었네
하루마다 어둠 와서 속사람을 살피고저
하루하루 성실 충실 그날 걱정 그날 하자

젊은이여 달려라

우리는 달리는 자 앞만 보고 달려라
응원 소리 들린다 궁둥이를 들썩이며
뛰는 자여 뛰어라 뒤돌아보지 말고
일등기가 펄럭인다 주인 되자 일등기

우리들은 恨의 민족 우리 조상 섧고 섧게
　　　　한
북쪽에서 남쪽에서 우리 조상 한이 맺혀
우리들께 한풀이 해달라고 빌고 부탁
죽임받고 뺏어갔다 힘이 없어 빼앗겼다

힘을 길러 앞서가자 세계 사람 보는 앞에
한 많은 조상들이 지하에서 돕고 있다
지구가 흔들리게 응원하고 기뻐한다
한을 씻자 원을 씻자 원한들을 씻어내자

높은 곳에 세운 폿대 바라보며 뛰고 뛰자
위대하고 뛰어난 우리 민족 일등 민족
큰 희망 높은 희망 문중방에 걸어놓고
들어오며 나가면서 臥薪嘗膽 다짐하자
　　　　　　　　　와신상담

다방 마담

반겨 맞는 종업원에 무표정한 마담 얼굴
마담 서서 가까이로 무심하게 왔다갔다
종업원은 물컵 놓고 손님 곁에 마담 앉다
눈도 맞출 생각 없나 六道輪廻 解脫잔가
　　　　　　　　　　육도윤회　　해탈

핏기 없는 그의 얼굴 허기진 사람처럼
머칠씩 굶은 얼굴 허리 배는 들이가고
안경 넘어 깊은 곳에 박혀 있는 안구 동자
달관된 도사인가 세파 씻긴 수도승가

高潔하다 그의 자태 차디찬 茶물 깊이
고결　　　　　　　　　　　　다
펑 뚫린 창공만을 바라보는 그의 눈빛
化粧假飾 하나 없는 순수한 자기 얼굴
화장가식
표현하기 난감해라 돌아앉은 돌부천가

加助島 連陸橋
가조도   연륙교

부르면 들을 것 같고 손 내밀면 잡힐 듯한
가까우면서 멀었던 곳 수천 년을 바라만 본 곳
안타까이 안타까워 발 구르며 외쳐봤다
다리 위를 다리로 걸어서 오간다네

산 위에서 연륙교를 바라보는 조상이여
좋은 것을 뵈고 싶어 조상들을 부릅니다
당신들이 꿈꾸었던 연륙교가 놓아졌소
외로웁게 앉은 섬이 육지가 되었다네

후손이여 기뻐하고 노래하고 춤을 추자
우리나라 우리들을 加助하여 주었다네
　　　　　　　　　가조
사람 사는 이 세상에 누구나 어디서나
자유자재 서로 만나 쳇바퀴를 넘어서자
정들었던 나룻배는 멍청하게 바라본다
　　　　　　　　―2009. 7. 23

너 있으면 천당 되리

천당에서 내가 복락 누리면서 즐기고
지옥에서 부모형제 곤욕당함 있다면
어찌 볼 수 있으랴 어찌 들을 수 있으랴
천당에 있어도 천당이 지옥 같재

지옥에서 사랑하는 부모형제 만나리라
불속 지옥 독사지옥 찾아가기 불사하리
그 곤욕과 그 어려움 위로하며 니누리리
불속지옥 찾으리라 독사지옥 견디리라

마음씨 곱고 고운 천당의 사람들이
천국복락 우리들만 누리며 즐기리까
천당에 있어도 천당이 지옥 같재
지옥에서도 사랑하는 사람들과 같이 살리

사랑하는 부모형제 사랑하는 사람들아
너 있는 곳 천당이라 너와 같이 있으련다
너 있으면 천국이요 너 없으면 지옥이다
지옥불도 독사지옥 너 있으면 천당 되리

장맛비

비가 온다 비가 온다 기다리던 비가 온다
마른 땅에 비가 오니 산천초목 춤을 춘다
너울너울 한들한들 소리 없는 춤사위로
생명존망 필수요건 빗물 내려 땅 적시네

장맛비는 한달 넘게 너무너무 많이 온다
논밭 작물 푸르다가 검은 색깔 변하는데
농작물이 넘어지고 방충작업 어렵구나
아열대성 장맛비가 예측불허 쏟아진다

온 들판이 물바다요 집안까지 물이 찬다
산사태다 물난리다 우렛소리 천지 진동
구름 속이 쉬지 않고 번쩍번쩍 번갯불이
벼락들이 여기저기 천지간에 가득하다

靑天하늘 비었더니 한없이도 물이 있네
　　청천
물속에는 불이 있고 불 속에는 물이 있고
빈 속에 물이 가득 불이 가득 소리도 가득
빈 것이 아니 빈 것 空卽是色 色卽是空
　　　　　　　　　　공즉시색　　색즉시공

있는 것이 없는 것가 없는 것이 있는 것가
알쏭달쏭 천지조화 알다가도 모를 일이
하늘 밑에 사는 사람 한마음이 되어지니
시퍼렇게 내려보는 하늘 눈을 피하리까

西方淨土 있는 곳은
서방정토

喜壽의 나이 되니 가야 할 곳 생각난다
　희수
천당으로 가야겠지 어디쯤에 있을까
걱정되고 궁금하다 하늘나라 있는 곳이
무지개가 다리 놓는 그 자리가 아니런가

정겹게 보름달이 돋아오는 동쪽 같고
하늬바람 불어오는 서쪽편도 같구나
충실하고 알뜰하게 일 잘한 하루해가
아름다운 꽃집 짓고 들어가는 서쪽 같애

하루 종일 논밭에서 고달프게 일한 농부
피곤한 농부 마음 보듬고 위로하며
내일을 기약하며 안타깝게 아름답게
산 넘어 저 바닷속 저녁놀 속 서쪽일까

비단개구리 천둥지둥 어둠을 재촉한다
논밭에서 종일토록 힘써 일한 소를 몰고
오쫄오쫄 아이놈 발걸음을 재촉한다
보금자리 찾아오는 청량풍이 부는 쪽인가

괭이 쟁기 지게에 짊어진 아비농부
편이 쉬라 명하고 오색구름 속으로 간
상쾌한 바람이 불어오는 서쪽인가봐
西方淨土 극락천당 있는 곳은 서쪽 같애
　서방정토

귀뚜리 소리

태초에 하나님이 천지를 창조하시다
混沌하고 공허하며 黑暗이 깊음에 있고
　　혼돈　　　　　　　흑암
하나님의 神 수면 위에 말씀으로 계셨음이여
　　　　신
만물을 지으시고 맨 마지막 인간을 창조*

실패 작품 하나 없이 창조주의 자화자찬
만물들은 제작기의 빛깔과 모양새로
제자리에 놓여 있고 철 따라서 달라진다
귀뚜라미 가을이면 사랑노래 자즈럽다

벽 틈마다 귀뚤귀뚤 확연하게 들려온다
갖가지의 벌레들도 사랑노래 조화노래
끊임없고 간단없이 사시사철 들리는데
고요한 시골에는 날마다 밤마다

고요 속에 들려오는 침묵 속에 침묵 소리
고요 속에 고요 소리 은은하게 들리는데
가을이면 조금 크게 겨울이면 조금 작게
귀뚤 소리 고요 소리 고요 속에 귀뚤 소리

지금 듣는 이 소리가 귀뚤 소리 같은 소리
살아 있는 우주 소리 소리소리 말소리
밀물 소리 썰물 소리 귀뚤 소리 고요 소리
태곳적의 침묵 소리 흑암 소리 말씀 소리

초승달은 넘어가고 작은 별들 속삭임이
그 어둠 속 그 침묵 속 말씀 소리 창조 소리
태초 소리 태후 소리 고요이 침묵 영원의 소리
황홀경의 희열 소리 무아경의 귀뚤 소리

*인간을 창조 : 성경 창세기에 있는 말씀.

둥근 것

해가 뜬다 둥근 것이 둥둥 떠서 다닌다
햇빛이 온다 둥근 것이 둥둥 떠서 내려온다
달이 뜬다 둥근 것이 둥둥 떠서 길로 간다
달빛이 온다 둥근 것이 둥둥 떠서 굴러온다

냇물들이 굴러간다 냇바닥을 굴러간다
빗물들이 내린다 대지 위로 굴러온다
방울방울 동글동글 굴러온다 굴러간다
별들도 동글동글 둥근 하늘 둥글둥글

동글한 물방울이 나무 위로 기어가고
동글한 물방울이 하늘 위로 올라가고
둥근 것 둥근 것이 수없이 둥근것 들
너도 동글 나도 동글 모두들은 둥근 것들

둥근 것은 살아 있고 둥근 것은 변화한다
변하는 것 살아 있다 아는 것도 둥근 것들
알이 차서 동글고 굴어가니 동글고
해도 달도 비도 물도 삼라만상 둥근 것들

둥근 것은 아름답고 둥근 것은 살아 있다
너도 살고 나도 살고 우주도 살고 있고
산 것들은 변화된다 둥근 것은 변화한다
아름다움 변화된다 진선미도 변화한다

깨어 있는 생활

감추인 것 드러나고 눌림된 것 벗어나니
나와 너는 하나 되어 상부상조 사회 된다
성숙됨이 알참이요 내실 있음 결과이라
끊임없이 다지고 또 다져서 반석이 되자

풍요 속에 갇혀 있어 갇힌 것도 모르누나
자기 갇힌 그물 속에 자기 몸을 묶어놓고
영상 속에 갇혀 있고 현혹 속에 자기 잃고
안일 속에 푹 빠져서 안이하게 생활한다

풍요로움 탈출하여 나를 찾아 깨어나자
적게 갖고 적게 듣고 적게 먹고 적게 자서
깨어 있는 생활하자 나를 찾는 생활하자
욕구충족 생활보다 의미 채운 삶이 크다

소나무 · 2

나무나무 소나무는 겨울철에 더욱 푸르러
만산초목 추위 앞에 무릎 꿇고 벌벌 떤다
동장군의 맹위 앞에 나목들은 죽은 모양
헐벗고 굶주려도 뿌리 보호 다독인다

나무나무 소나무는 몹시 추움 마주 서서
푸르름의 굳은 절개 높은 산에 높이 서서
천하만상 덮어주는 백설이 내릴 적엔
가지마다 몽실몽실 눈꽃송이 아름답다

독야청청 높은 기품 북풍한설 마주 서서
기개는 창끝처럼 절개는 푸르름을
소설 대설 내리며는 팔죽지가 부러진다
절개 지킴 비명 내며 비싼 대가 지불한다

나무나무 소나무는 동장군과 마주서도
기개와 절개로써 쇠잔함을 모르구나
젊어서는 젊음으로 늙어서는 더 큰 키로
老衰를 한탄하는 인간들을 위로하네
　　노쇠

대나무

나의 친구 대나무여 너와 같은 친구 원해
말이 없고 항상 푸름 변함없어 내 친구지
희로애락 말 없어도 네 마음을 나는 안다
힘없게도 흔들리나 입지는 요지부동

곁가지는 나 몰라라 높은 하늘 앙망코나
높은 곳에 희망둔 너 어려움도 곁가지다
마디마디 곧고 비인 五慾도 벗이놓고
　　　　　　　　　오욕
주어진 길 마디마디 곧고 높게 쌓았구나

너와 내가 무리 지어 한곳 모여 대숲 되니
우리 동네 너의 동네 무리 지어 다정하네
날아가는 짐승들의 놀이터요 노래방
旅路 따라 오고 가는 날짐승의 집과 여관
여로

때를 따라 연기 나니 사람 사는 터전이라
구름 같은 대나무숲 오순도순 모여 있어
생활하는 필수품의 재료들의 寶庫여라
　　　　　　　　　　　　보고
飛禽走獸 서식하고 사람 또한 살아간다
비금주수

내 무덤 이쯤에 써야겠다

나는 어디서 왔다가 어디로 가는지도 모른다
모르고 왔다가 모르는 곳으로 간다
생로병사 진리인저 어느 누가 免避하랴
　　　　　　　　　　　　　　면피
남은 일은 죽음이니 묻힐 곳도 살펴봐야지

양지바른 언덕배기 내가 살던 뒷동산에
나이 많은 어린것이 땅속 깊이 묻히고져
여든아흔 나 많다 말고 하루하루 참된 삶을
至高至善 맘에 두고 천당복지 맘에 심자
지고지선

세상살이 인생길에 많고 많은 군상들의
서로 살기 경쟁하다 다툼싸움 많았고야
세상 인연 끊기는 날 아무 흔적 없어지리
허무한 게 세상사라 악한 집념 풀고 살자

뉘 있어 이 무덤을 바라보며 지날 적에
무슨 일을 하였냐고 묻지 말고 지나가소
장가들고 시집가서 아들딸을 고이 낳아
사람답게 살라 하고 배워주고 가르쳤네

그러하다 어언간에 인생 종말 쉬이 와서
내 무덤이 걱정되어 이쯤에 무덤 써서
만년유택 삼으려네 내 자식아 내 손자야

悅話堂 이야기 방
열화당

가냘픈 꽃봉오리 피지 못한 심청이가
아버지 심봉사의 눈을 띄울 광명 위해
자기 몸을 제물로 바치려는 마음에서
하늘에 기도하는 육자배기 노랫소리

절개 굳은 춘향이가 나빌레라 꽃일레라
애가 타고 간이 타는 이몽룡의 戀心·열심
                                연심
옥에 갇힌 춘향 손목 잡힐 듯이 가칠가칠
비통심정 풀어주는 어사출두 얘기 대목

달 뜨기를 기다리다 골목길에 마당놀이
윤무군무 노랫소리 먼 데 사람 듣기 좋고
근처 사람 보기 좋고 이런 날이 항상이면
흥미롭고 재미있어 어깨춤이 덩실덩실

댓돌 위에 놓인 신발 부부 신발 아이 신발
가지런한 그 맵시도 과객눈엔 꽃이더라
호롱불빛 은은하고 포근한 맛 절로 나니
오막살이 향내 나고 가족 정분 아른아른

아이들의 여러 재롱 온 가족이 웃음 짓고
새록새록 잠든 애들 이리 다독 저리 다독
부부간에 살림 얘기 밤새는 줄 모르구나
일상 항상 변함없는 열화당의 이야기꽃

육자배기 노래 좋고 재미있는 어깨춤도
꽃 구경도 꽃 내음도 보드라운 손 만짐도
한때 반짝 지나는 것 헛되고 헛되지만
김치된장 국맛처럼 열화당의 이야기꽃

살림살이 이야기와 세상살이 이야기
이 이야기 저 이야기 소곤소곤 소곤대는
이야기하는 방이 위없는 꽃 중에 꽃
항상이요 변함없는 열화당이 제일이다

별 · 2

하루 종일 힘써 일한 하늘나라 큰 일꾼이
노을 짓고 집을 찾아 검은 이불 덮을 즈음
반짝이는 별이 있어 하나둘씩 나타난다
검은 색깔 짙어지니 짙은 만큼 별이 생겨

먹장 같은 하늘에는 작은 별과 큰 별들이
넓고 높은 하늘 가득 헤아리기 어려웁네
밝은 별과 희미한 별 어울려서 아름답네
큰 별들과 작은 별이 조화되어 좋을시고

오선칠판 덩그러니 은하수에 걸어놓고
무수한 인간들과 하늘음악 들어보소
천진난만 마음바탕 천국신비 음악 소리
저 별을 바라보면 솟구치고 용솟음쳐

컨덕터의 지휘봉에 시작끝임 신호인가
반짝반짝 가물가물 여기저기 암울암울
불가사의 천국음악 우주의 화음조화
내 마음에 와서 닿는 이 음악을 표현할꼬

밤새도록 반짝이던 그많은 별떨기도

동이 트는 새벽 따라 小星부터 숨는구나
_{소성}

새벽별이 숨을 즘엔 동녘 하늘 처녀볼색

힘찬 일꾼 나타남을 천지가 알리누나

새해맞이

쇠털같이 많은 날들 일월 일일 새해맞이
黎明을 뚫고 일어 해맞이할 山頂海邊
　여명　　　　　　　　　　　　산정해변
남보다 해맞이를 먼저 하려 경쟁한다
동이 트니 작은 별들 어디론가 숨어든다

불그레이 동녘 바다 물이 끓고 해 돋는다
어두움을 사라먹고 앳된 해가 솟아온다
기대 속의 불덩이 환호 속에 떠오른다
갖가지의 기도 형식 소원 성취 빌고 빈다

영원무궁 시간 속에 연말연시 매듭지어
새로운 각오각성 효율적인 시간 사용
미시적인 방법으로 日末日始 매듭삼아
　　　　　　　　　　일말일시
日出마다 새로웁고 日沒마다 새로웁자
일출　　　　　　　일몰

雪 · 2
눈

밤새도록 그렇게도 못 견디던 할매 몸살
수면제와 약물복용 새벽에사 잠을 잤다
이른 아침 창을 여니 온 천하가 바뀌었다
하늘도 온 땅도 모두모두 은세계다

앙상한 나무마다 눈꽃송이 피었었다
물건마다 몽실몽실 산봉우리 붕실붕실
銳角*마다 鈍角*으로 동글동글 둥글둥글
 예각   둔각
일광칠색 다 가진 색 무지개색 다 가진 색

지저분한 모든 것을 흰색으로 덮어두어
풍진 세상 따뜻하게 깨끗하게 잠재웠다
거룩한 색 성결한 색 순결하게 정결하게
온 세상을 바꿔놓은 조물주의 조화인가

*예각銳角 : 직각보다 작은 각.
   (여각餘角 : 두 각을 합친 각이 직각과 같을 때 그 한 각)
*둔각鈍角 : 90도보다는 크고 180도보다는 작은 각.

봄 · 2

한겨울에 부엉부엉 할머니의 옛이야기
움츠린 날씨 땜에 몸과 마음 흑암 깊게
부실한 입성에 배까지 고팠었다
따뜻한 봄날을 그렇게도 기다렸다

3월 봄은 변덕쟁이 왔다 하면 추워지고
매화꽃이 핀가 하면 황사먼지 변덕이고
개나리꽃 핀가 하면 눈 내리고 바람 불고
따뜻한 언덕바지 민들레꽃 아지랑이

춘궁기의 나물 캐기 봄 캐기가 아니었네
浮黃 들어 터덕터덕 입성부실 벌벌 떤다
_{부황}
그래서도 봄은좋아 양지바른 언덕배기
氣盡해서 눈을 감고 따뜻한 봄 맛을 본다
_{기진}

올 듯 올 듯하면서도 쉽게 안 오는 봄날이여
왔다 하면 돌아가고 갔다 하면 돌아온다
새소리도 즐겁고 벌 소리도 즐거웁다
애간장을 녹이는 봄 변덕쟁이 오는 봄아

좋은 것을 소망하고 소망함은 좋은 것들
쉽게 쉽게 아니 오고 올똥말똥 갈똥말똥
닿을 듯이 잡힐 듯이 애간장을 녹이는 것
따뜻한 봄인가 하면 더운 쪽에 가버린다
가기 전에 기울기 전 봄을 만끽 누려보자

봄날들은 숨바꼭질 장난장난 장난꾼이
봄날 아침 가을처럼 무서리가 내려 있고
중천 해님 햇살 펴면 봄날인가 싶어지네
저녁 때는 구름 끼고 찬바람이 겨울 맞이

그러하니 변덕쟁이 하루에도 서너 번씩
바뀌고 또 바뀌고 할 일 많은 봄날씨여
마른 가지 잎 피우고 꽃 피우고 물을 올려
겨울잠에 흠뻑 빠진 땅밑 짐승 깨어낸다

눈 쌓이고 얼음 언 골 얼음 녹고 눈 녹은 물
고을 고랑 소리치고 봄노래가 한창인데
산골 고랑 주인 되는 비단개굴 깨어나면
천둥지둥 천둥지둥 청개구리 깩깩깩깩

시냇가에 송아지들 엄마 찾아 엄마엄마
산골 논은 소로 갈고 들논 들은 경운기로
근현대가 어울린다 산골마다 들판마다
부산하게 돌아간다 농사짓는 모습들로

理想鄉
이상향

이상향의 그 세계는 배고픔이 없는 곳이
내 마음이 날개 치면 어디인가 가 있는 곳
곱고 고운 꽃들이 피고 지고 지고 피고
슬픔 걱정 눈물 근심 이별 또한 없는 곳이

내가 보는 이 우주는 둥글고도 둥근 것이
이 우주 밖 별빛밖에 찬란한 곳 이상향이
선각지들 쪼이본 곳 지 밖의 주인 쪼고
둥근 우주 밖의 세상 啐啄啐啄 흔적인저
　　　　　　　　　　　줄탁줄탁

닿지 못해 그리운가 멀어서 이상향가
부리 끝에 닿은 흔적 안팎에서 쪼아댄가
눈물 없고 근심걱정 흔적조차 없는 곳이
내가 願는 황홀경이 그곳에는 있을 것이
　　　원

回想
회상

공자는 냇가에서 회상하여 말하였네
가는 것은 냇물처럼 晝夜로 쉬임 없이
　　　　　　　　　　주야
내 이웃에 살던 도마 그 처녀도 지금쯤은
세월 따라 늙었겠지 어디에서 무얼할꼬

저녁노을 바라보던 예수님은 가라사대
여호*도 굴이 있고 새들도 집이 있어
어둠 따라 굴 속으로 보금자리 찾아가네
머리 둘 곳 없는 인자 노을 밑에 쓸쓸하다*

미물들도 사람들도 귀소본능* 갖추었다
고향에서 살고파라 떠나 살기 싫어하고
떠나가서 사는 사람 금의환향 최고 기쁨
가슴마다 품고 산다 고향 떠난 사람들이

천만 가지 환상들이 춤을 추고 일어난다
동무들과 뛰놀던 철*없던 그 시절이
비가 오면 오는 대로 눈이 오면 오는 대로
싸우면서 좋아하고 좋아서도 싸우고

못 잊어 못 잊겠어 기쁨 슬픔 못 잊겠어
보릿고개 넘기면서 못 잊을 추억들을
어머니가 헌옷으로 개조하여 만든 옷이
발이 나와 배가 나와 손등에다 코를 닦고

그래도 매양 좋아 좋아서 오쫄오쫄
그것들이 안 잊혀 회상하며 눈물 나며
눈물 날 만큼 서러워서 못 잊히는 회상거리
늙기도 서러워라커든 회상조차 많을꼬

*여호 : 여우의 방언(경남 · 제주 · 충청).
*귀소본능歸巢本能 : 동물이 멀리 갔다가도 제 집으로 돌아오는 선천적으로 타고난 본능.
*수구초심首丘初心 : 여우는 구릉에서 굴을 파고 사는데 죽을 때는 어디든 간에 그 머리를 자기가 살던 구릉 쪽에 둔다. 이것은 곧 그 근본을 잊지 않기 때문이다. 그 근본을 잊지 않는 것 또는 고향을 절실히 그리는 향수 등을 일컫게 되었다.
*호마의북풍胡馬依北風 : 호나라에서 자란 말은 북풍이 불 때마다 고향을 그리워한다는 뜻이니 고향을 그리워하는 마음이 지극함을 이르는 말이다.
*오조소남지誤造巢南枝 : 오나라에서 자란 새는 집을 지을 때 남쪽으로 뻗은 가지에 집을 짓는다는 말인데 고향을 그리워한다는 뜻이다.
*철 : 사리를 헤아릴 줄 아는 힘.
*철 : 일년 사계절 곧 춘하추동의 구분하는 동안.

삶과 죽음

父精母血 육신 받아 이 세상에 태어나서
부정모혈
부모님의 보살핌에 이상 없이 성장하여
장가들고 시집가서 사람으로 책임임무
부족함은 많지마는 그럭저럭 살아간다

하루하루 살아와서 여든 살을 넘어봐도
사는 것이 무엇인지 명쾌한 답 잘 모른다
났으니까 살고 있고 사는고로 잘 살고파
땀 흘리고 애를 쓰고 잠 못 자고 사색한다

유한한 인생일생 하루 삶이 하루 죽음
한정된 끝시간에 세상 떠남 아니던가
삶 속에 죽음 있고 죽음 속에 삶이 있다
空卽是色 色卽是空 空과 色이 萬物一體
공즉시색　색즉시공　공　색　　만물일체

세상살이 타향살이 정붙이면 어찌 떼리
정드는 줄 모르지만 정 뗄 때가 더욱 슬퍼
영과 육이 이별할 때 참혹한 상 못 볼레라
눈홉 뜨고 이를 갈며 숨 멈추고 몸 비틀고

한참 동안 막혔던 숨 토해내며 벌벌 떤다
오래도록 정들었던 한집안에 같이 살다
이별하는 정경인가 한 많은 세상살이
영이별의 슬픔인가 *絶緣絶情 慘酷像*가
　　　　　　　　　절연절정　　참혹상

간 다

하늘에는 구름 가고 풀밭으로 소가 가고
바다에는 고기 가고 바람 일어 어디 가고
시내에는 물이 가고 꽃밭에는 벌 나비 가고
길에는 사람 가고 바다에는 배가 가고

우리 사람 죽음 향해 밤낮없이 걸어가고
하루 삶이 하루 죽음 쉴 새 없이 가고 간다
오는 사람 가는 사람 가는 사람 오는 사람
이 세상은 여관이요 우리 인생 과객인가

밤은 낮에 낮은 밤에 엎치락 뒤치락
서로가 서로에게 바통을 넘겨주며
할아버지 아버지께 아버지는 나에게로
쉬임 없이 끊임없이 연속하여 간다간다

구름에 달 가듯이 빨리빨리 지나간다
이 동네에 살던 사람 한집에 서넛 사람
가고 오고 오고 갔다 오래 살아 외톨이다
알던 사람 가고 없어 고향이 타향 됐네

늙기도 서럽다고 옛사람이 말했던가
겨우 산 게 칠팔십에 앞뒤를 살펴봐도
날 귀엽다 하던 어른 한 사람도 안 보인다
자갈논에 물 빠지듯 흔적 없이 가고 없네

그리 많던 단잠들은 어디 가고 아니 오노
세상의 憂愁思慮 구름처럼 밀려와서
　　　　우수사려
잠 안 오는 늙은이는 귀뚜리와 같이 놀아
지새운 새벽이라 한두 번이 아니었다

無極에서 有極으로 유극에서 太極으로
무극　　유극　　　　　태극
태극은 陰陽으로 相生 相剋 이름 지어
　　　음양　　상생　상극
언어표현 범주 속에 認識 思惟 대상물 돼
　　　　　　　　인식　사유
변증법적 流轉해서 無窮無窮 변해간다
　　　유전　　　무궁무궁

가을

팔월이라 중추 되니 백로 추분 절기로다
지겨웁던 여름 맹위 한풀 꺾여 산들바람
땀과 물기 덥덥하여 짜증나던 여름철이
이제야 바통을 가을에게 넘겨줬다
서늘한 바람들이 아침저녁 찾아온다

가을 색깔 들판으로 서서히 물이 들고
귀뚜라미 벽 틈마다 울어새는 소리 들려
가을가을 오는 줄을 소리로 알려주네
논밭의 곡식들은 서글서글 영글고나

내일모레 다가오는 중추가절 풍성소식
여름열음 열매마다 알이 차고 맛이 들어
찌는 듯한 여름 한철 참고 견딘 열매인가
오곡백과 풍성풍성 집집마다 활기차다

지겨웁던 여름 한철 어서어서 넘어가면
서늘 바람 솔솔 부는 가을 하늘 푸른 하늘
우리 곁을 찾아와서 서늘함을 더해줄 때
무더위는 이제 잊고 가을 풍성 즐기구나

우리 강산 좋을시고 무궁무진 변화무상
어려움을 참고보면 서늘함이 보상한다
사계절의 참맛 알아 참는 재주 몸에 익혀
즐겨하며 살아가니 우리 강산 좋을시고

하나 둘 셋을 세면 시작하는 박자인가
삼박자가 삼 개월로 단위 따라 계절 시작
삼라만상 변화무상 사계절이 뚜렷하다
우리 사람 우리 강산 좋고 좋고 또 좋구나

학교 계단

한 계단 두 계단 한 계단씩 올라간다
높은 희망 찬란한 꿈 제일 높은 꼭대기에
내가 세운 폿대 위에 황홀하게 나부낀다
하루에도 몇 번씩 오르내리며 생각한다

이 계단을 쌓은 사람 높은 희망 다다르게
쌓고 쌓은 이 계단을 오르락내리락
할 적마다 생각하니 말없이도 가르치네
오르면서 생각하고 내려오며 생각한다

빨리 올라가려 해도 두세 계단 넘어 못 가
순서 따라 한 계단씩 한 계단씩 올라가면
목표 지점 도달하여 오를 적의 어려움을
참아 넘긴 결과임을 자화자찬 기뻐한다

올라가서 생각하니 계단 밑에 사람 있다
밑에 있는 사람 보면 작게작게 보이누나
묘를 심는 어머님은 종일토록 뒤로 기고
무논에서 아버님은 소와 함께 일을 한다

우리 부모 자식 위해 손발이 다 닳도록
갖가지의 일터에서 갖가지의 고생한다
부지런히 공부해서 부모 은혜 갚고 지고
나라 은혜 갚고 지고 많은 빚을 지고 산다

높은 계단 올라간 후 자신이익 눈 어두워
다른 사람 억누르고 짓밟는 이 되지 말우
나를 낮춰 남 높이고 남의 이익 앞세위라
이타 위해 세계 위해 계단계단 만들었다

검소하게 생활하고 겸손하게 살아가소
위세 높게 살지 말우 낮추면서 살아가소
우리들은 빚진 자라 부모형제 이웃에게
어리석은 듯 겁 많은 듯 조심조심 살아가자

눈 물

감사해서 눈물 나고 고마워서 눈물 나고
불쌍해서 눈물 나고 못 주어서 눈물 나고
귀여워서 눈물 나고 좋아서 눈물 나고
눈물 나는 순간순간 하늘마음 맛을 본다

서러워서 눈물 나고 기뻐서도 눈물 나고
배고파서 눈물 나고 분해서 눈물 나고
못 배워서 눈물 나고 못 받아서 눈물 나고
고운 마음 착한 마음 정의 극치 눈물 나고

만나서 눈물 나고 헤어져서 눈물 나고
맹세하며 눈물 나고 성공해서 눈물 나고
못 입어서 눈물 나고 못생겨서 눈물 나고
울화통이 터져서도 눈물콧물 솟아난다

우리 인간 지으실 제 눈물 함께 지으시어
서로 돕고 아름답게 의좋게 살라 했네
기저눈물 반사눈물 필요하고 요긴하나
엄청나게 뜨거운 감정의 눈물 천상의 눈물
잘못을 회개하며 개과천선 으뜸눈물

대문 옆의 상록수

금은목서 만리향목 뒷밭가에 심었었다
오 남매가 자라나서 남혼여가 시켰더니
하나가 둘이 되고 둘이서 서넛 되다
집 한 채가 비좁아서 뒤밭에다 터를 닦다

널찍하게 집을 지어 필요 따라 사용해도
좁은 줄을 못 느끼게 쓸모 있게 지었었다
물푸레나무괴의 상록수인 만리항목
십 년 만에 대문기둥 옆이 되어 쓸모 많다

그 나무 밑 자식나무 숲그늘에 생활하고
중추가절 지날 무렵 금은꽃이 피어나면
사방팔방 이웃까지 향내 진동하였어라
온 이웃과 교회까지 만리향이 진동한다

가을 들판 황금 들판 풍년풍년 들었구나
시원한 가을바람 살갗을 스쳐간다
쌀쌀한 바람에다 만리향이 가슴 가득
상쾌 통쾌 쾌쾌하니 가을맛향 좋을시고

시련과 실패를 도약대로

사람마다 근심걱정 파도처럼 밀려온다
이 세상과 저 세상을 이어주는 바닷물결
그냥 일렁 저냥 일렁 무위세파 아니던가
그 세파를 원망 마라 일렁일 뿐 걱정 마라

고해파도 무위인 것 나는 근심 걱정 마라
근심걱정 나를 찾아온 것이 아니로다
내가 근심 걱정 찾아 잠 못 자고 아파한다
내가 내게 박은 대못 곳곳에 박혔구나

안겨오는 근심걱정 받지 말고 주지 말자
그저 있는 그런 것이 있는 걸로 생각하라
좌절하고 상심하면 나의 고통 되지만은
희망 향해 분투 노력 도약대로 삼을 것이

모든 사람 싫어하고 공포하는 실패 좌절
나의 삶의 등대 되고 역동력을 생산한다
마음의 상처마다 향기진동 생기발랄
하루 삶이 하루 승리 근심걱정 생각 마라

실패좌절 미움질투 사람마다 다 겪는다
신은 준다 나에게 이길 만한 시련실패
남의 탓을 하지 말고 용기 있게 정면 돌파
헤쳐내면 성취희열 벌벌 떨면 소멸된다

지구는 살아 있다

아름다운 아침해가 동쪽에서 서쪽으로
변함없이 운행하고 저녁이면 달이 나와
동령으로 오르거니 그 속에서 삼라만상
생로병사 쉬임 없고 끊임없이 진행된다

철 따라서 우순풍조 백과가 알이 차서
동식물과 飛禽走獸 풍요롭게 살아가네
　　　　　비금주수
쉬임 없이 별똥들이 하늘에서 땅으로
지구 표면 공기 있어 별똥바위 돌가루로

땅의 생물 물의 갈증 느껴느껴 시들 무렵
바다에서 구름 일어 바람 타고 물을 뿌려
지구땅을 기름지고 비옥하게 가꾸어서
생기발랄 생의 기쁨 듬뿍듬뿍 누려간다

계절 따라 변화 주어 신기함과 아름다움
남김 없이 제공하여 사람 감정 풍부하게
변화 주고 기쁨 주어 섭리 신화 섭취한다
신기하고 이상하다 사람 위한 변화인가

꽃 한번 살펴보소 아름다운 그 빛깔
신기하다 그 생김새 갈래꽃과 통꽃 생김

그 안을 관찰하니 암술과 수술 있네
음양조화 무궁무진 열매 맺고 알이 찬다

육지가 병이 들면 바다에서 고쳐주니
깨끗하게 씻고 닦아 소생소생 시켜주고
바다가 병이 나면 태풍 일어 고쳐가네
그 모두가 자생능력 신비하게 발휘한다

햇살 밑에 종일토록 땀 흘리고 일한 사람
저녁노을 만들어서 위로하며 다독이고
시원한 하늬바람 서쪽에서 불어와서
흘린 땀을 닦아주고 막힌 숨을 쉬게 한다

남극 북극 사는 생물 극광으로 위무하고
지옥 같은 사막여정 신기루로 희망 주고
바다에서 육지에로 기어오른 모든 생물
지구를 달여 만든 탕약해수로 치유한다

지구는 살아 있다 산 것들이 생산된다
생명 없는 지구라면 산 것들이 생육할꼬
산 것에서 산 것 나와 생육발전 이룩된다
자정자생 능력 있어 공생공영 하는 것이

懺 悔
참회

고운 얼굴 질투하고 나의 얼굴 곱게 꾸밈
이율배반 부끄럽다 나도 좋고 남도 좋을
청순한 맘 갖고 싶어 아침이슬 풀잎에 내려
아침 햇살 고이 받아 영롱하게 빛나듯이

이내 마음 풀잎처럼 나도 몰래 이슬 내려
빛내리라 햇살 받아 빛깔 따라 영롱하듯
사람의 뜻 하늘의 뜻 사랑스레 어울리게
순화되고 정선되어 선의 경지 이르소서

구렁텅에 빠져서 헤매는 미운 사람
고춧가루 서말 먹은 듯 개운하게 느낌 오고
어린아이 울고 있음 처량하고 애처롭네
이내 마음 어이해서 이상하고 야릇할꼬

남의 불행 위로받고 나의 불행 남의 행복
나만의 생각일까 사람마다 똑같을까
이런 생각 요런 사고 나의 속의 어느 곳에
생겨나고 살고 있노 뿌리째 뽑아내자

속사람 · 2

나의 속에 있는 사람 너는 나의 속사람
너는 나를 옳은 길 바른길로 가라 하네
너는 왜 속사람 말 안 듣는가 왜그런가
속사람이 시키는 대로 가자는 대로 걸어가자

속사람 시키는 길 옳고 바른 좋은 길
이 길 따라 조심조심 못난이처럼 살아가자
그 길 따라 겁내는 듯 모자라는 듯 걸어가면
후회 없이 오래도록 누리면서 살 것을

권리 있고 부유함이 타락의 지금 길이
몹쓸 길 타락의 길 뽐내고 안하무인
겸손으로 투구 삼고 낮춤의 전신갑주
하늘을 공경하고 사람을 사랑하자

속사람의 속삭임을 귀담아 새겨들어
후회 없이 하루하루 겸손겸손 날 낮추면
평생 후회 안할 것을 후회할 길 걸어가노
속사람을 멀리하고 달려가는 겉사람아

행하자는 선한 일은 이다지도 어려웁고
세상 향락 오욕 좇아 비탈길을 질주하노

거가대교

하늘과 바다가 서로 만난 수평선
그곳에는 우리 꿈과 우리 희망 있는 곳이
이십 세기 말 거가대교 생긴다는 말 있더니
수평선에 아련하게 거가대교 걸렸구나

꿈 같은 소원 밖의 큰 소원이 이룩됐다
꿈 같아서 얼굴 서로 마주보며 놀란다
맛있는 음식물을 아껴 먹듯 살금살금
걸어보고 탈것 타고 꿈깰세라 조심조심

홍초호 복운호 갑성호와 금양호가
거제 사람 다리 되고 길이었던 그 시절에
부산까지 네댓 시간 멀미나고 지루터니
한 시간에 오고 가니 좋고 좋고 좋을시고

단 한 번의 자맥질로 거제에서 부산까지
축지법사 비술인가 자연정복 인력인가
해무 위에 신비경이 붕새의 날개인 양
아련히 우뚝 섰네 경이로운 거가대교

섣달그믐

내일이면 흑암 쫓고 새해가 오르겠지
새해 뜨면 무지몽매 쫓겨가고 없어지리
밝은 세상 따뜻한 세상 눈물 씻고 등 다독이며
물을 뚫고 산을 뚫고 새해가 오르겠지

해야 해야 솟아라 밝고 맑게 올라라
위용위엄 동장군이 힘없이도 스르르
새 생명이 대지 위에 야동하며 춤추겠지
남풍훈풍 거느리고 새해야 솟아라

五蘊에 때가 묻은 인간들의 심신 위에
　오온
산뜻하게 따뜻하게 새해야 솟아오라
묵은해는 묻혀가고 새해가 떠오른다
헌것은 쫓겨가고 신천신지 전개된다

내 마음의 새해야 맑고 밝게 떠올라라
달마다 새로웁고 날마다 새로웁게
시기질투 근심걱정 벗어놓고 솟아라
내 마음도 새로워라 온누리도 새로워라

가 자

머뭇거릴 곳이 아니다
潛着할 곳도 아니다
  잠착
떠밀려서라도 가야 한다
갈 바에야 목표를 정하고 가자

가자 새로운 마음으로
전개되는 마당마다 새로웁고나
지나온 것은 쓸데없는 죽은 것들

앞을 보고 가자
하늘은 너무 높고 너무 넓어
별을 보고 가자

별을 따라가자
발부리에 걸리는 것 많을지라도
저 푸른 별만 보고 걷자

소처럼 걷자
이 넓은 대지는 흔들림이 없으니
너의 튼튼한 두 다리로 힘 있게 딛고 서서
높은 푯대를 향하여 소처럼 걸어가자

거제도

백두대간 뻗어내려 영에 따라 동서남쪽
억세게도 떨린 씨앗 거제섬이 우뚝 생겨
바다로 동서남북 울타리로 둘러놓고
바다를 터전 삼고 그 속에서 보배 캐네

고기 잡고 조개 줍고 양식어업 힘을 써서
보석 같은 신선해물 밤낮없이 건져내다
수평선 희망 삼고 사방팔방 밀려오는
억센 말은 억센 파도 넘나든 흔적인저

아침해와 저녁놀에 세계 제일 조선소가
일터 되어 뻗어간다 오대양에 떠다닌다
장보고의 청해사상 날개치고 펼쳐간다
거가대교 사해에로 욱일승천 기세로다

이십삼만 시민들의 높은 기상 근면성실
붕새 날개 실어놓고 화합단결 이룩하니
구국의 섬 피난섬이 복지 되어 피어나서
세계 위한 웅지 펴서 행복하게 살아가세
　　　　　　　　　　　—2011. 1. 5

裸 木
나목

벌거벗은 겨울나무 허물 없는 낙엽수들
허물 벗어 뿌리에 겨울눈을 만들고
말 못 하는 생물이여 뜻 밝히지 못하지만
자신과 후손 위함 큰 뜻 펴내 보이누나

낙엽은 거름 되어 자신과 후손보호
지극한 희생정신 맑고 밝은 복된 정신
본받고 모범 삼아 질서의 등불 되라
우리 인생 나목처럼 잘못 산 것 지우고저

봄 기다리는 겨울나무 추위를 견뎌내며
벌거벗고 있어도 고운 눈이 내려와서
겨울 눈꽃 살면서도 순화 주고 사랑 주네

죽음이 죽음 아니야 생의 연속 잠시 쉼
허물 없이 생의 진실 밝혀내며 자성을 하며
따뜻한 봄이 오면 눈 틔워서 세상 보고
禪의 세계 깊은 철리 연륜을 더해간다
선

가난의 설움

우리 집은 가난한 집 오 형제에 육 남매
조반석죽 먹기에도 모자람이 많은지고
참을 수가 없도록 배고파서 힘없고
허리띠 졸라매고 피골이 상접하네

일년이라 삼백육십 때마다 적게 먹기
헤아릴 수 없는 설움 배고픔의 설움이여
인생길 험한 길 배고픔의 험한 길을
눈물을 밥을 삼고 살아온 가난이여

견딜 수가 없도록 헐벗었어 부끄럼도
가난하기 때문에 어쩔 수가 없었다
내 마음 내 스스로 추스르며 살았다
물려받은 非蓁薄土 옥토처럼 가꾸었다
　　　　　비진박토

절대빈곤 어려운 살림 새마을로 뛰어넘어
이제는 배고픔과 헐벗음의 서러움은
옛일처럼 벗어던져 추억으로 남아 있다
가난한 살림살이 유산으로 주지 말자

路傍草의 교훈
노방초

땅덩어리 얼어붙어 생명이 유지될까
길가에 풀 한 포기 대지 뚫고 나왔구려
큰 나무도 얼어죽고 큰 풀도 얼어죽는
동장군의 위엄 앞에 너 살 줄은 나 몰랐네

살기가 가망 없는 고난 넘고 역경 건너
보잘것 아주 없는 하찮은 路傍草여
노방초
봄소식을 전해주려 길가에 돋아났나
너의 노고 너의 이름 알아 줄 이 없는데도

세월 따라 네월 따라 계절의 명령 따라
때 따라서 피어나고 자라면서 잎이 피니
밤이면 별님달님 내려와서 속삭이고
너의 잎에 자고 쉬고 이슬 내려 함께 자고

아침해가 솟아오면 영롱한 빛 뿜어대고
비가 오면 오는 대로 바람 불면 부는 대로
지나가는 사람에게 무작하게 짓밟혀도
어서 털고 일어나서 햇빛 받고 바람 맞네

모질게 살아가는 노방초에 달린 풀꽃
벌과 나비 부를 만한 빛과 향기 없지마는
바람 따라 흔들리고 계절 따라 씨앗 차서
영원에 잇대인 순리 따라 사노라네
       —2011. 3. 23

미안해요

어두움을 쫓아내는 해와 달님 고마워요
추운 바람 겨울바람 쫓아내는 봄바람아
무더운 여름바람 몰고 가는 가을바람
사람 위한 자연변화 감사 안함 미안해요

나의 욕망 채우고는 다른 욕망 또 채우려
끝간데를 모를 욕망 샘솟는 듯 솟아올라
욕망을 추구하는 노예의 분투 봐라
채우고 또 채우는 허상의 나의 참상

감사하며 살아가소 방 안에서 잠을 자고
날이 새고 해가 돋고 바람 불고 새가 울고
한 가지도 한 시간도 빠짐없이 감사해도
모자람이 많고 많은 안한 감사 미안해요

무한욕망 유한세상 원망 탓은 친근한 이
나의 현세 끝나는 날 캄캄해서 촛불 켤 때
그 촛불이 온 세상에 못다 한 감사의 말
전해주는 촛불 되길 빌고 빌며 미안해요

우리 집

靑龍山의 堂山登 야트막한 산 아래에
청룡산   당산등

보금자리 터를 닦아 背山臨水 福地로다
                배산임수   복지

집 뒤에는 대밭이요 그 뒤에는 솔밭이라

松竹에서 바람 일어 맑은 바람 맑은 소리
송죽

힘든 농사 수면제요 깊은 수면 자고 쉬면

유리창문 흔들어서 눈을 뜨고 바라보면

외로운 달님 와서 정겹게 눈 맞추네

아늑한 달빛 아래 펼쳐 있는 정경이여

단축발전 변화 많아 안정 찾기 어렵구나

인간세상 숨가쁘게 변화하고 바뀌어도

변함없는 산새 들새 지저귀고 조잘댄다

아침해가 밝음 주고 저녁해가 노을 주고

여우 같은 할멈이요 토끼 같은 자식에다

손주재롱 웃음꽃밭 하하호호 好事로다
                              호사

고향 떠나 타향살이 그리웠다 가고팠다

친구친지 어울리어 오순도순 살아간다

골 목

우리 집과 너의 집의 경계막이 골목길
집과 집이 이어져서 한마을을 이루었다
타협화합 상징으로 골목길이 생겨나서
너와 내가 어울려서 서로 돕고 살아가네

정겨웁다 오순도순 모여 삶이 정겨웁네
시골마을 돌담벽에 기어오른 담쟁이덩굴
조롱조롱 덩굴 씨앗 하늘에는 별떨기라
이 모퉁이 저 모퉁이 골목마다 아이들이

감서리를 하려고서 돌을 던진 아이 보소
부지깽이 들고 쫓는 할머니에 그 손자들
달리기하는 운동장에 설교하는 교육장
골목마다 전설이요 모퉁이마다 화젯거리

한가위가 다가오면 목동들이 좋아라네
아이들이 잘 놀라고 가축에서 해방 주네
할아버지 소 먹이고 아버지는 꼴을 베네
피골상접 아이놈은 부침개에 햅쌀밥에

밭일논일 하다 지친 황혼 따라 골목 올제
이 집에도 된장찌개 저 집에도 진동한다
아기울음 소리 높고 개가 짖고 닭이 울고
살림살이 이뤄가니 감나무가 싱긋 웃네
　　　　　　　　　　—2011. 10. 9

국사책을 읽고

국사책을 경건한 마음으로 펼쳐본다
조상들의 핏방울과 살결이 묻어 있는
이 땅 위에 태어나서 살다가신 조상님들
하늘 알고 땅이 알고 이 책 글을 통해 안다

조상들의 핏방울 따라 이 땅을 밟아보고
살펴보고 쓰다듬는 정성 들인 마음씨로
담겨 있는 이 강산을 살펴보며 詳考하니
　　　　　　　　　　　　　　상고
사로잡네 한 권의 책 내 마음을 靜潔케 하고
　　　　　　　　　　　　　정결

조상들과 만나뵙는 기쁨과 황홀함이
희로애락 갖가지의 감개가 무량코나
천년도 須臾던가 역사 파편 남아 있고
　　　수유
조상들의 眞實無垢 파도처럼 일렁인다
　　　　진실무구

내 조상이 날 못 보고 나 또한 못 봤으나
천년 전의 조상들을 역사책을 통하여서
다시 만나 뵙는 마음 기쁨 감사 실감한다
흙과 땅은 영원하리 역사 또한 영원하리

—2011. 10. 15

春 蘭
춘란

단아하고 조화로운 사철 푸름 간직하고
은근하고 고상함이 지조 지킨 선비 같애
창포로 머리 감고 미소 짓는 고운 눈썹
봄을 맞아 청초한 잎 올렸다가 내린 鼠尾
　　　　　　　　　　　　　　　　　서미

한 포기의 春蘭 보소 가냘프다 그 몸매여
　　　　춘란
누군가를 기다린다 하얀 너울 안개 속을
응시하며 봄소리도 용하게도 잘도 듣고
순수하고 아름다운 기품 있는 안주인

희거나 연노란 꽃잎 벌어진 듯 오므렸고
은은하다 그의 향기 있는 듯 없는 듯도
은근미와 여백미로 靜的이고 동양멋이
　　　　　　　　　정적
곱고 고운 미소 짓고 마냥마냥 즐겁구나

꽃이어라

모두가 꽃이어라

밤이 꽃이어라

높은 하늘이 이리도 시원할꼬

큰 별들이 어둠을 밝혀주고

작은 별 떨기가 저렇게 예쁘게 반짝이네

모두가 꽃이어라

어둠을 쫓아내고

밝은 태양이 솟아나니 낮이로다

천하가 밝아 좋구나

만물이 하늘을 향하여 노래하고 춤춘다

좋아라고 좋아라고

모두가 꽃이어라

바다가 꽃이어라

맑은 바람 시원한 바람이 불어오고

海霧雲霧 차분히 끼어드니 신비롭고 아름답다
해무운무

흰 물결 푸른 물결 뛰노는 바다

쉴 새 없이 뛰노는 우리 손자 같애

그 뛰노는 생선이며 바닷말

시시각각 變色 주며 喜悅 주는 바다여
　　　　　변색　　　　희열

모두가 꽃이어라
넓은 들판이 꽃이어라
白花가 철 따라 피고 지고
백화
꽃 따라 열매 맺혀 아름다움 보여주고
ㄱ 열매로 飛禽走獸 배 불리며 살아가네
　　　　　비금주수
힘드는 논밭일 마칠 무렵 어둠을 실어와서
자장가 불러주며 편히 쉬고 꿈꾸누나

만물의 모양새도 소리도 갖가지라
어울리고 조화 이뤄 날마다 새로웁고
변화하며 새로웁다
우주 전체가 꽃이어라 개체마다 절대치요 本體여라
　　　　　　　　　　　　　　　　　　　　본체
　　　　　　　—2012. 2. 11 《화엄경》을 읽고

봄
―나 어릴 적

꽃은 피어 웃지마는 새들은 울고 가네
초목마다 봄 보려고 새눈 틔어 부릅뜬다
나 어릴 적 봄은 봄은 춘궁기로 배곯는 철
식민지인 우리나라 먹거리를 빼앗겨서

배고픈 살림살이 먹거리는 풀이었네
소처럼 풀먹거리로 줄인 창자 달래려고
나물 캐는 누님들 핏기 없는 누런 얼굴
동네마다 늙은이들 浮黃* 들어 절룩절룩
　　　　　　　　　부황

성한 배를 곯고 곯아 피골이 상접이라
설움 중에 큰 설움은 배고픈 설움인저
눈물을 밥을 삼고 설움을 달래었다
뻐꾹새와 귀촉도가 나 설움을 대신 운다

올봄도 산소가에 슬피 우는 소쩍새는
배곯아서 죽은 넋이 배고픔을 못 잊어서
낮에 울어 시원찮아 밤을 새며 우는 건가
뫼를 이뤄 누운 이들 원한인 듯 들려온다

*부황浮黃 : 오래 굶주려서 살가죽이 들떠서 붓고 누렇게 되는 병.

제5부
나는 오직 하나뿐

새 섬

호곡 앞의 지호지간 외로운 섬 작은 '새섬'
눈 오는 추운 겨울 벌벌 떨며 외롭구나
겨울밤 기나긴 밤 외롭게 홀로 앉아
세상길 험한 길을 홀로홀로 지새운다

외로운 섬 스산하게 한 그루의 소나무다
청상과부 유복자로 형제 없이 태어났나
봄비는 눈물이요 파도 소린 흐느낌이요
비단 물결 작은 새섬 按撫하고 위로한다
안무

아롱아롱 따뜻한 날 갈매기가 날아와서
노래하며 쉬어가고 소나무와 짝지한다
어머니의 새섬이 좋아라고 潛水潛水
잠수잠수
외로운 섬 새섬에도 씨종자가 살아간다

새벽종이 울리면 하나님께 기도한다
국태민안 오순도순 우리 이웃 잘살라고
아늑한 우리 동네 천년만년 돕고 도와
새섬과 천년송을 바라보며 살아가자

만물상

만물상 깊은 골을 버스로 찾아드니
산도 방긋 봉도 방긋 초목도 방긋
억겁으로 다듬어진 산과 골짝마다
전설 따른 만물상이 뛰노는 듯하여라

빼어난 만물상을 오늘 따라 찾아뵈니
조물주의 뽐냄인가 풍운조화의 극치인가
산 뒤의 산이 나를 찾고 봉 뒤의 봉이 나를 부른다
그 옛날 그 누군가 강원도 금강산
들어갈수록 더욱 좋다 하였던가

석양 노을

여명 뚫고 새벽 깨며 풀잎 이슬 떨구면서
생활전선 벌어진 불꽃 튀는 각축장
밝은 태양 작열 태양 온 세상을 반 돌아서
피로한 해 석양 되어 꽃집 짓고 안식으로

지는 해에 저녁노을 허전하고 쓸쓸하다
찬란하다 그 빛깔이 내일을 기약하며
떠나가는 손님처럼 숙연함이 절로 난다
西方淨土 있으련가 이 밖의 세상 아련하다
서방정토

갈까마귀 떼지어 드니 땅거미가 찾아들고
대숲에서 벌어진다 참새들의 대합창이
鳳凰河圖 성군 만나 도덕사회 꾸었던 꿈
봉황하도
白首空拳 還鄕孔子 流水世月 川上의 嘆
백수공권 환향공자 유수세월 천상 탄

석가모니 서방정토 저녁노을 바라보며
노을 넘어 있는 세상 황홀경의 그 세곈가
석양을 바라보며 피로한 몸 잠시 쉬며
시원한 하늬바람 서쪽에서 불어온다

아늑한 오렌지색 따스한 맛 넘쳐나고
요란하게 불던 바람 씻은 듯이 조용조용
끈끈 덥던 불편 몸도 땀도 식고 몸도 식어
불쾌에서 상쾌통쾌 안식 주고 위로 주네

救世使命 완수 위해 노을길에 섰던 예수
　　구세사명
공중 새도 집이 있고 여우들도 굴 있으나
머리 둘 곳 없는 人者 사방오방 처량하다
　　　　　　　　　인자
노을 짓는 저녁 때에 갈 곳 없는 설움이여

석양은 미의 극치 섭리자의 손짓인 양
농부아이 소를 몰고 외양간을 찾아들고
하루 일과 마친 농부 옷에 묻은 먼지 턴다
서방정토 안내하는 석양놀에 憂愁 짓다
　　　　　　　　　　　　　우수

인생황혼 만난 이몸 생로병사 피하련가
즐거움과 기쁨들은 哀懼 감춘 가면이요
　　　　　　　　　애구
무변廣海 항해할 양 당당하게 닻 올리나
　　광해

우리 몸은 가죽부대 아홉 구멍 오물 샌다
도적하고 동행하는 驛旅過客 같은지고
　　　　　　　　　역려과객

하루해도 맑게 갠 날 열심 다해 일한 보람
저녁노을 남기듯이 나도 나의 인생 종막
인간답게 살아놓고 선하고도 곱게곱게
서쪽 하늘 장엄하게 황홀경을 짓고파라

동호인회
— 그라운드 골프

뻣뻣한 관절을 주무르고 조절하며
오늘은 동호인이 운동장에 모이는 날
어기적어기적 엉거주춤 걸음 걸어
遠近各處 터전에서 모여드는 동호인들
 원근각처

왁짜지껄 人事世事 서로 묻고 話答이라
　　　　　인사세사　　　　　화답
젊음 따라 가버린 잠 즐겨 만날 동호인을
밤잠을 설쳐가며 만날 그들 상상했다
어린 시절 늙은 시절 노는 즐김 같은지고

푸른 잔디 운동장에 오색공을 얹어놓고
아이처럼 喜喜樂樂 홀인 소리도 요란하다
　　　　　희희낙락
60년대 再建運動 70년대 새마을운동
　　　재건운동
부자나라 만든 이들 백발 되어 노니누나

이 운동을 선택한 이 좌절 실족 없게끔
격려칭찬 보살펴서 同苦同樂 이룩하세
　　　　　　　　동고동락
요람에서 무덤까지 복지사회 이루어서
이런 복지 영원토록 자손 만대 물려주자

얼굴
― 얼의 꼴

거울을 앞에 놓고 내 얼굴을 내가 본다
웃으면 따라 웃고 성내면 따라 낸다
이것 봐라 요지경 요것 봐라 요지경
웃었다가 성내다가 울고불고 야단이다

성낸 이가 누구뇨 웃는 이가 누구뇨
무섭다가 예쁘다가 웃기다가 운다 울어
웃는 내가 나인가 그림자가 나인가
내 안에 내가 있고 바깥 나와 안의 내가

진짜 나는 어디 있나 어느 곳에 숨어 있나
얼이 난가 꼴이 난가 얼이 꼴로 나타나고
얼이 꼴로 굳어져서 내 얼굴이 되어졌나
이목구비 혈색 안색 내면세계 표출된가

가다듬자 나의 얼굴 좋은 꼴이 나타나게
내면세계 갈고 닦아 내 마음을 아름답게
꾸미고 가꾸어라 벌과 나비 날아들게
꽃밭 되면 꽃이 핀다 얼에서 향기 나게

얼굴 보면 반갑고 얼굴 보면 즐겁게
수심 걱정 없는 얼굴 이슬 먹음 꽃잎처럼
영롱 이슬 되비치는 보석처럼 빛나게
숨소리도 맥박 뜀도 풍악처럼 들리게

듣는 이가 기쁘고 보는 이가 순화된다
우수 사려 어둔 그늘 흔적 없는 얼굴에는
대곳적의 신의 얼이 나타남의 흔적인가
아름답고 순박함의 천진성품 꼴이 된다

해맞이

東天에서 黎明 뚫려 작은 별들 숨는구나
동천　　여명
닭의 목을 비틀어도 새벽은 밝아온다
癸巳年의 불덩이가 흑암 뚫고 솟아온다
　계사년
우리 조상 보았던 해 나날이 새롭구나
한 폭의 그림이요 서기 어린 복지로다

우리 조상 먼데 살다 해님 찾아 極東 왔다
　　　　　　　　　　　　　　극동
해맞이를 먼저 하려 동쪽으로 몰려왔다
천신의 산을 넘고 萬古의 강을 건너
　　　　　　　　만고
조용하고 아늑한 아사달의 땅끝으로

붉은 해는 세상 넓게 덮여 있는 어둠 밀고
밝고 환한 희열 세상 어둠 간 곳 채우면서
들뜬 가슴 부푼 희망 흥겨웁고 즐거웁게
새해 새날 온누리에 비둘긴 듯 날개 펴네

빈부귀천 남녀노소 가슴마다 기쁨이요

森羅萬象 새로운 움 새해 해님 펼치는 곳
　　삼라만상

뿜어내는 祥瑞로움 기적 같은 새로움이
　　　　　상서

소원하는 꿈 이루는 새해새해 치솟는다

따뜻한 고향 언덕 양지바른 산 밑에다

조그마한 둥지 틀어 오순도순 살아간다

조손이 사는 시골 상서로운 충만 기운

아침 햇살 따스하고 평화롭게 퍼져간다

　　　　　　　　　—2013. 1. 1 계사년 아침에

禪의 세계
선

拈荷示衆 하시니 禪의 기원 이루었고
　염하시중　　　　선

迦葉微笑 하시니 無言으로 相通이라
　가섭미소　　　　무언　　　상통

以心傳心 師弟相通 禪의 경지 이룩되니
　이심전심　사제상통　선

넓은 四海 주름잡는 진리파악 이룩된다
　　　사해

處染常淨 진흙물에 뿌리는 두었으되
　처염상정

오물 딛고 티끌 털고 이슬 받아 연꽃 피네

구름 같은 세상허욕 생명 명예 다 떨치고

至高至純 꽃이 피고 자비스런 날개 펴네
　지고지순

花果同時 꽃이 피고 열매 또한 맺힘이여
　화과동시

萬世에 변함없는 유전인자 받아가네
　만세

萬古不變 인과법칙 철칙원칙 새김 있어
　만고불변

今世來世 입맞춤이 눈앞에서 새겨지네
　금세내세

眞空妙有 아슬아슬 있는 듯 없는 것이
진공묘유

없는 듯이 있는 것이 진리인 것 깨달음은

五蘊이 空인 것이 空인 것이 진리인 것
오온   공   공

色卽是空 空卽是色 우주 같은 진리이니
색즉시공 공즉시색

種子不失 萬有生命 천년토록 잠을 자도
종자부실 만유생명

萬古不變 싹이 트니 천년도 須臾로다
만고불변   수유

잠자던 씨앗생명 부실하여 다시 소생

萬苦에 잇대인 永遠不滅 생명이여
만고   영원불멸

깨달음의 禪의 세계 조금만 들어서도
        선

황홀경의 그 세계가 눈앞에 전개되니

미쳐간다 사차원의 이상세계 전개된다

현세가 정상이네 발부리를 바라보자

그럭저럭 웃고 살자

애달픈 세상을 나 혼자만 사는지고
세월은 흐르고 인생은 가지만
언덕은 남아서 지금과 더불고
수많은 기억들을 흐르는 것에 새겼던가

헛되고 또 헛되다 성경은 말하였고
변하고 또 변하다 無常타고 釋尊說破
　　　　　　　　무상　　　석존설파
因과 緣은 꼬리 물고 無窮無盡 품고 도네
인　연　　　　　　　무궁무진
구름처럼 노을처럼 없는데서 생겨나고
있다가는 없어진다 도깨비요 허깨비다

이것이 이것 아니고 저것이 저것 아니고
이것이 저것 같고 저것이 이것 같애
있는 것도 같고요 없는 것도 같네요
마음이 변하는가 만물이 변하는가

오륙도 세던 사람 기후 따라 시간 따라
변하고 또 변하니 오륙도라 命名턴가
　　　　　　　　　　　　　　명명
취한 듯 깨어난 듯 오락가락 알듯 말듯

흐리멍텅 살다가자 석불처럼 미소 짓자

비 오면 비를 맞고 바람 불면 바람 맞고
뜻 붙일 곳 아주 없는 그냥그냥 살다 가자
어린것들 장난감 석불처럼 살다 가자
얼굴 맞고 빙그레 코를 맞고 빙그레

장난감은 기쁨 준다 웃음 주는 사람 되자
남에게 해를 입혀 작은 이익 얻은 인간
백년 묵은 구미호가 인간탈을 쓴 것 같다
날 보고 웃음 짓고 나는 그 보고 웃음 짓고
그럭저럭 웃고 살자

—2013. 7. 13

나는 오직 하나뿐

나는 오직 하나뿐 유일무이 존재여라
태초에서 지금까지 앞으로는 영원까지
온 적도 없었고 다시 올 일 아주 없다
오직오직 한번 온 곳 한번 가면 다시 못 와

식물동물 모든 것들 다시 못 올 불쌍한 것
영물이란 인간들의 인생일생 살펴보자
네것 내것 갈라놓고 아옹다옹 다투면서
희로애락 막대 위의 꼭두각시 짓이어라

그 모두가 헛것이여 그 모두가 그림자여
虛華市*의 손님이요 사고팔고 헛짓하다
허화시
동무들과 어울려서 한참 재미 보는 동안
유수세월 끝자락에 죽음이 손짓한다

소꿉장난 같은 살림 손을 털며 그냥 두고
영원토록 살 것처럼 아끼고 모은 살림
사랑하는 형제 두고 사정없이 혼자 간다
훨훨 털고 빈손으로 空의 세계 영원으로
공
　　　　　　　—2012. 11. 4

＊허화시虛華市 : 영국의 존 버니언 씨가 지은 천로역정에 나오는 이 세
　상을 일컬은 말.

흔들리며 사는 인생

청춘 소년 젊은이들 흔들린다 걱정 마소
아름답고 고운 꿈도 깨어지고 부서지고
환상은 망상이요 종 못 잡는 상상인저
괴롭고 속절없는 감정의 수렁으로

늙은이도 흔들린다 매일같이 수백 번씩
영향이란 단어처럼 그림자는 형상 좇고
울림은 소리에 응함같이 우주의
실상과 참소리의 天機들의 염탐인가
　　　　　　　　천기

환상을 좇을텐가 환멸을 삼킬텐가
그림자는 실상*에로 울림은 소리에로
흔들리며 다가간다 흔들리며 참*에게로
만 번을 흔들려도 견디며 사는 인생
　　　　　　　　　—2013. 7. 21

＊실상實相 : 실제의 모양이나 형편. 만유의 생멸 무상을 떠난 진리의 상相.
＊참 : ① 참 진眞 ② 참는다는 인내忍耐 ③ 참을 다하다 성충誠忠.

비 오는 늦가을

晩秋에 비 내리니 만산초목 얼굴 씻고
　만추
가는 가을 전송하니 정성 어린 풍경이라
빨간 건 빨간 대로 노랑 건 노란 대로
철없는 푸른 잎은 푸른 대로 한결 맑다

모든 잎들 높은 彩度 가는 가을비 덕분
　　　　　　채도
단풍 든 숲 곳곳에서 짙은 내음 알싸하다
시골집들 해질 무렵 밥을 짓는 연기 내음
쌉싸래한 약초 내음 삭아가는 낙엽 내음

가을비는 소리 낮게 먼지들을 가라앉힌다
젊은 부부 아기 팔을 하나씩 번쩍 들제
허공 중에 아이 놈은 발 구르며 까르르
터트리는 웃음소리 새소리보다 영롱하다

가을비 가랑비에 흠뻑 젖은 단풍잎들
안개 속에 잠겨 있어 仙境처럼 신비롭다
　　　　　　　　선경
서너 살 난 아이들이 고인 물을 찰박이며
동요를 흥얼흥얼 강아지처럼 깡충인다

활엽수림 세월 따라 변하고 또 변해서
화려한 빛깔로 황홀경에 이르고
숲들은 경쟁 접고 고요하게 쉼을 준비
피톤치드 비타민에 세상 시름 다 잊는다

아 픔

입덧에서 산고까지 새 생명에 비길 건가
양육의 숱한 고초 건강 성장 감사하고
고통을 자청해서 여러 자식 낳고 길러
男婚女嫁 시킬 적엔 잘못한 것 맘에 남네
남혼여가

험한 세상 살라치면 고통 속에 자고 새고
고통 없인 삶이 없고 삶이 곧 아픔이네
고통은 선한 열매 기쁜 열매 맺게 하고
고통 아픔 감각기관 우리 몸을 지켜준다

생명은 고통이요 고통은 생명 부분
생명은 고통 시작 죽음은 고통 종식
당장 고통 덜어주는 진통제는 독이 되고
고통 아픔 생명 유지 천부적인 선물인저

젊어선 고생 고통 돈을 주고 사서 함이
한세상 고비마다 경전처럼 참고사항
세상사의 가지마다 선한 열매 가치 있고
무르익는 인생 마당 은택 열매 풍성하다

수많은 고난 중에 한 인생이 꽃피우고
열매 맺게 하기 위해 다른 이가 고난 겪네
탄생에서 고통 있고 성숙에도 고난 있네
무르익는 인생 무렵 그들 고초 이해하세

깊고 깊은 고난으로 많은 생명 꽃피우고
높고 높은 고초 속에 절규하는 십자가
뭉클하는 감동으로 황홀경에 가슴 뛰고
빚진 자의 심정이네 고난 겪은 이웃들께

이른 비와 늦은 비

저 건너 매주봉에 얼석절석 비가 묻어
둔덕골을 향하여서 풍년비가 내려온다
한두 번 맞는 비가 아니건만 가슴이 든든
雨順에 風調하니 우리 民草 보살피네
　우순　　풍조　　　　　　민초

天佑神助 징조던가 自然順理 우연인가
천우신조　　　　　자연순리
농사철을 맞춘 비는 걱정 덜고 기쁨 주네
실개천에 물 흐르고 마른논에 물이 든다
비옷 입은 농부들이 이논 저논 물꼬 손질

골목마다 경운기요 트랙터도 소리 내며
무논으로 들어서니 너더댓 마지기 논배미가
번들번들 써레 지고 이 논바닥에 모를 심어
봉제사에 부모봉양 나라에 국세 내고

오목조목 살림살이 알콩달콩 살아갈제
이웃과는 善隣동이 형제간엔 友愛동이
　　　　선린　　　　　　　우애
동네에는 화목동이 자고 새면 서로 문안
토끼 같은 자식에다 여우 같은 아내로세
만사해결 適期降雨 하늘이 맡아 한다
　　　　적기강우

　　　　　　　—2013. 5. 15

농부 예찬시

또 한 해가 시작된다 작년 가을 온 들판에
가득 찼던 오곡백과 숟가락이 다 떠먹고
부산물은 농한기에 새끼 꼬고 신을 삼고
가축먹이 가용용구 퇴비재료 소비코야

새를 쫓던 허수아비 새를 따라가 버리고
북풍한설 쌓일 때면 보리 싹이 푸르다
구정 지나 보름 오니 한해 농사 시작된다
대보름에 세시 행사 온 동네가 들썩이고

가을갈이 못한 논을 세후 첫비 갈아엎고
헐떡이는 숨소리에 풍년농사 꿈을 꾼다
변함없는 논과 밭에 작물들만 오고 갔다
심은 대로 거두고 가꾼 대로 수확했다

첫새벽에 일어나서 소를 깨워 먹이 주고
바람 불고 비 오는 날 집안에서 농구손질
맑은 날씨 온화한 날 정성 들여 전답일을
밤이 되어 어두우면 새끼 꼬고 신을 삼다

하늘 뜻을 받들어서 순리대로 살아가니
바람 비와 안개 구름 천둥 번개 눈보라며
변화무상 하건마는 하늘빛은 변함없고
순풍태풍 노도파도 언덕은 여전하다

환경 따라 계절 따라 쉴 새 없이 일을 하고
산과 들에 나서 자란 약초 캐서 병 고치고
헌옷 입고 험한 음식 험한 노동 몸에 배어
일년일년 살다보니 백발농부 허리 펼꼬

먹고 입고 사는 것을 자가수요 자가공급
아주아주 바쁜 생활 비진박토 농가생활
오십 가구 한동네에 석냥 한통 값없어도
그런대로 그렁저렁 서로 돕고 살아왔소

이 농사를 힘써 지어 국세 내고 봉제사에
부모봉양 자식 길러 이웃과는 상부상조
늙어지고 병들어서 저녁노을 바라보며
고해 같은 세상에서 피안 언덕 바라본다

저녁노을 황홀경에 耆老耋耄* 갔건마는
<small>기로질모</small>

소식조차 영 없으니 그 동네가 너무 좋아

좋다 궂다 하고픈 말 소식조차 頓絕코야
<small>돈절</small>

평생친구 정직한 땅 피안 소식 전해다오

*기로질모耆老耋耄 : 60세 · 70세 · 80세 · 90세 늙은이.

일어나라

피곤한 몸 밤새도록 충전되다 일어나라
輾轉反側* 하지 말고 용기내어 일어나라
전전반측
잠든 우리 깨우려고 울어예는 수탉들
태양 오는 길잡이로 새벽별이 떠오른다

온 지구가 우리들을 일어나라 소리친다
일어나라 솟구쳐라 이불요를 박차고서
먹장 같은 어둠 슬픔 모두모두 비켜라
희망의 불덩이가 용솟음쳐 떠오른다

앉은자리 털털 털고 일어나라 일어나
그 자리가 복된 자리 신을 벗어 들라* 했고
성전미문 앉은뱅이 자리 털고 일어섰다*
넘어진 자 그 자리를 짚고 선다* 이르셨다

기마후예 말춤 추니 온 지구가 흔들흔들
춤추면서 뛰고 달려 한류 고삐 휘어잡고
저만치 앞서가는 새마을의 기수 뛰고
이병철 씨 정주영 씨 이를 악물고 앞서 뛴다

요람을 박차고서 태평양을 뛰고 넘자
이 기상과 이 맘으로 충성으로 보국하자

*전전반측輾轉反側 : 밤새도록 이리저리 뒤척이며 잠을 이루지 못함을
 표현한 말.
*그 자리가 복되나니 신을 벗어 들라 : 구약성서 출애굽기 3장 5절.
*성전미문 앉은뱅이 자리 털고 일어서다 : 신약성서.
*넘어진 자 그 자리를 짚고 선다 : 고려 고승 지눌知訥(1158~1210)의 말씀.

지금 조금씩 살고 있다

날달빛 아래 보이는 것 마음 뺏겨 허둥댄다

眼目정욕 이리저리 불안 속에 휘둘리고
안목

六根*六境*에 쏠리는 알 수 없는 마음이여
육근 육경

내 것 아닌 내 것 찾아 무지개 좇아 동분서주

어두움에 달빛 나니 안의 내가 주인 된다

寂靜한 고요 속에 경청 주시가 친구 불러
적정

속사람 내면세계 친구벗이 찾아온다

귀뚜리 소리 고요 소리 양심 소리 우주 소리

慇盛한 달빛 따라 彼岸에 이른 듯이
  은성   피안

희열에 잠기우니 취한 듯 비몽사몽

달빛 감싼 안개이불 감사감사 황홀경에

날빛에도 달빛에도 치우치지 말고 사소

어제는 이미 세상 지나간 悔恨이요
                      회한

내일은 아직 세상 꾸어다가 걱정 마소

동산 위에 뜬 달도 조금씩에 수월쿠나

240

오늘 지금 작은 충실 큰 충실에 이어진다
큰 반야*로 波羅密多* 가는 길을 가르쳤네
　　　　　파라밀다
오늘의 괴로움은 오늘에 족하다네*

＊육근六根 : 안眼, 이耳, 비鼻, 설舌, 신身, 의意는 육근이라는 말로 표현하는 감각 기관으로 인식주관이다(불경佛經).
＊육경六境 : 색성향미촉법은 육경이라 하는데 육근에 의해 인식되는 객관대상이다(불경佛經).
＊반야般若 : 깨달음의 지혜(불경佛經).
＊파라밀다波羅密多 : 고통과 번뇌가 사라진 열반의 저 언덕에 이르는 길 (불경佛經).
＊오늘의 괴로움은 오늘에 족하다네 : 성경에 있는 말씀.

원수를 갚아 달라 기도했더니

원수를 갚아달라 하나님께 빌었지
큰소리로 가슴 치며 발 구르며 울었지
대답 없는 응답이여 답답가슴 응어리여
더 큰소리 더 큰 분노로 독을 품고 악을 쓰며

하나님이 주무시나 나이 많아 귀먹었나
남부끄럽게 큰소리로 악을 쓰며 나부대며
조용하게 들리누나 소곤소곤 禱告하라
　　　　　　　　　　　　　　도고
고요 속에 거하시는 하나님의 응답 말씀

악을 쓰던 행동들이 제 풀에 제가 꺾여
소리는 작아지고 울분도 작아지고
가슴 땅을 치던 손이 합장되어 모아지고
무릎은 꿇어지고 머리는 숙여지네

원수 갚음 至公無私 하나님의 고유권한
　　　　　지공무사
달래준다 얼려준다 틀림없이 갚아주마
마음에 위안이요 영안이 밝아진다
증오 담은 너의 맘이 먼저 傷코 망가진다
　　　　　　　　　　　　상

사랑기도 긍휼기도 팔복*기도 먼저 하라
악에게 지지 말고 선으로 악에 이겨라
거살기*를 없이 해서 재앙 머물 곳 없애주고
양희신*으로 정신화평 행복자리 마련하세

*팔복八福 : 성경 마태복음에 있는 말씀.
*거살기去殺機 : 행복이란 구한다고 구해지는 것은 아니다. 다만 정신을 화평하게 가짐으로써 행복이 와서 앉을 바탕을 마련하는 것이 행복을 구하는 방법이 된다(채근담 수성 편).
*양희신養喜神 : 재앙도 피하려고 해서 피해지는 것이 아니다. 오직 살기를 없이 함으로써 재앙을 멀리하는 방도를 삼을 수밖에 없다, 복은 살벌한 자리에 오지 않고 재앙은 온화한 곳에 머무르지 않기 때문이다(채근담 수성 편).

유라시아 원정대* 찬양시

삼십육 년 종살이에 생명 문화 消盡되고
                        소진
이차대전 종식되자 삼팔선으로 갈라서서
他律 따라 분리되어 냉전 전초 삼년전쟁
타율
骨肉相爭 전쟁 慘禍 목불인견 원통분통
골육상쟁   참화

민생고의 보릿고개 압축 성장 이룩하여
이백여 개 세상 나라 부국에서 열째 되어
원코리아 유라시아 자전거로 대장정에
석달 동안 이동 거리 이만오천 킬로미터

유럽에서 서울까지 구개국을 여정으로
실크로드 영화의 길 유럽과 극동 잇는
문물이 상통하고 인정이 넘나드는
국경을 초월하는 웅비하는 기폭제로

분단에서 통일 이룬 브란덴부르크 문
통일 소원 쓰린 원한 품고 살은 69년
뒤틀린 우여곡절 펴고 바꿀 대장정
여정 따라 선조 족적 굽이굽이 서려 있네

우리 조상 조용한 아침의 나라 밟아온 길
여정 따라 위안이요 족적마다 희망 실려
꿈을 품어 씨앗 심은 일심동체 칠인들께
찬사 박수 보내노라 축수 감사 바치노라

＊원코리아 유라시아 자전거 원정대 : 2014년 8월 13일 독일 베를린에서 시작해 서울까지 총 1만 5,000km 100일간 평화 대장정을 무사히 마쳤다.

바다(받아)

水陸으로 나뉜 지구 하늘에서 비가 내려
  수륙

지구상의 동식물을 씻어주고 먹이시네

막히면 돌아가고 또 막으면 채워주고

육지 오물 씻은 물을 남김없이 받아주네

지구상의 동식물은 바다에서 육지로

서서히 나왔으니 받은 만큼 돌려주네

온 지구를 긴긴 세월 씻은 고운 바닷물은

탕약 중의 탕약이요 생물들의 보물이다

上善若水* 幾於道니 온 지구가 이롭도다
 상선약수   기어도

물의 능력 물의 역할 생명 약동 위대하다

뽐냄 없고 不爭하고 낮은 자세 바다로
       부쟁

염분 섞인 바닷물은 살아 있는 생명 원천

우리 인생 물의 경전 배우고 익힐지라

때를 알아 變態하고 곳을 알아 멈춤 흐름
      변태

흙오물도 받아주고 沼도 池도 채워주고
            소   지

남은 물로 悠悠自適 늠름하게 바다 가네
　　　　　　유유자적

*상선약수上善若水 : 노자 8장에 있는 말씀으로 선 중에 상선은 물과 같
　다. 그러므로 물은 도에 가깝다.

우리는 하나요 둘이 아니다

우리나라 한 아버님 단군 국조 한 분이다
우리 후손 잘 살리려 더운 곳과 寒帶 지나
　　　　　　　　　　　　　　　한대
양지바른 아사달에 터를 잡아 개천하다
하늘 뜻인 홍익인간 건국이념 찬란하다

우리 국토 하나였지 둘이 아닌 하나였다
이차대전 戰犯국인 독일 나라 둘넷으로
　　　　 전범
패전국인 일본 아닌 식민지인 한국분단
타율 따라 허리 잘려 70년간 천신만고

경제적인 조건들도 하나이요 둘 아니다
북한은 지하자원 남한은 농업자원
공업자원 원동력이 지하에 가득하고
지상의 농업자원 갖가지로 생산 많다

말과 글도 같은지고 하나이요 둘 아니다
중국글이 우리말과 다르고도 어려워서
천지인의 이치 따라 세종대왕 만든 한글
말해왔다 살아왔다 반만년을 같은 말로

이리 보고 저리 봐도 우리들은 하나이다
한복에 한식이요 열두 달의 명절이며
갖가지의 상부상조 미풍양속 같을시고
통일하자 오순도순 통일하여 알콩달콩

고요 속에 고요 소리

고요 속에 속삭이는 귀뚜라미 울음이여
사색의 신비 소리 무엇인가 들리는데
쉴 새 없이 온몸 도는 피가 도는 소리인가
우주 전체 운행하는 힘과 힘의 조화인가

무엇인가 들리는데 신비한 소리인데
이승과 저승 다리 지나가는 바람인가
우주를 운행하는 신비 耽溺 여운인가
　　　　　　　　　　　 탐닉
고요 속에 은은하게 들려오는 고요 소리

인간이 추구하는 진선미의 自鳴인가
　　　　　　　　　　 자명
잡힐 듯 안 잡히고 발버둥치는 세월 소리
억겁에 쌓인 소리 永劫에 맺힌 소리
　　　　　　　　 영겁
시장기 같은 외로움으로 平靜되는 마음 소리
　　　　　　　　　　 평정

이 소리가 나를 끌고 신성한 진선미로

깊은 沈潛 가라앉는 내려가는 고요인가
　　　침잠

높은 경지 상승하는 속사람의 설렘인가

고요 속에 寂靜 속에 잡힐 듯도 보일 듯도
　　　　　적정

내가 나를 찾는 소리 내가 나를 부르고

변화 無窮 無爲 세계 靜中動에 動中靜가
　　　무궁　무위　　　　정중동　　동중정

새벽 4시 깨어나서 절대자에 歸依기도
　　　　　　　　　　　　　　귀의

고요 속에 고요 소리 은은하게 들려온다

돌아가다

나 세상에 나올 때
나는 울었겠지
우는 나를 보고
부모 이웃들은
기뻐하며 웃었겠지

내가 세상 떠나갈 때
나는 웃겠지
슬프고 아픈 세상 떠나니 시원해서

광기 살기 취기 의기 모두 모두 벗어놓고
寂靜으로 들어가
적정
자신으로 돌아갈 때
희열과 황홀함이
사로잡으리

그 먼 태초의 세계로 들어서
에덴의 동산에서 유혹을 밀치고
흙으로 빚어
생기를 얻는 순간으로

자연을 정복하라

창조주는 맡기셨다 자기 닮은 사람에게
천지간에 산천초목 비금과 주수까지
돌보고서 다스려서 생육하고 번성하여
자연을 정복하고 충만하라 이르셨다

아름답고 조화롭고 신비로운 동산에서
떨기로 피는 꽃과 벌나비들 잔치리에
마디마디 그고 키서 열매 맺이 먹이 주니
무위자연 원리진리 살아갈 길 배워 가자
장대비에 번갯불이 물속에 있고 불이
독일군이 못 만들게 바다 포위당했으나
하늘에서 질소 뽑아 화약 만든 일차대전
신기함을 풀어보면 자연 정복 이르나니

무궁무진 감추인 뜻 자연 속에 다 있거늘
오감으로 추구하고 시름 관찰 창끝으로
논리로써 변증하여 교과자연 정복하자
상극이 상생하니 조화조화 신비하다

밝고 맑게 추스르자

밝고 맑은 세상을 만드는 사람에게
좋은 운명 행운 웃음 환하게 문을 연다
열정을 일으켜라 파이팅을 외쳐라
밝고 맑은 아침 해가 불끈 솟아오른다

내가 비록 지금은 괴롭고 슬퍼도
挫折로 위축돼도 가슴 펴고 활개 치자
　좌절
밝은 모습 보이라 힘찬 기운 보이자
희망찬 모습으로 생기 넘쳐 열정 넘쳐

내가 나를 칭찬하고 내가 나를 위로하자
내가 나를 격려하고 사랑하고 용기 주자
천하가 날 버려도 내 가슴엔 천하 품고
천신의 강을 넘고 만고의 재를 넘자

현 위치가 괴로워도 남에게는 밝음 맑음
불빛 되어 앞길을 비춰주고 거둬주자
희망찬 모습으로 온화한 음성으로
박수치고 격려하고 안정 주고 용기 주고

행복은 살벌한 자리에 오지 않고
재앙은 온화한 곳에는 못 머문다
게으른 자에게는 생기와 의욕을
하고자 하는 자에 고무와 격려하자

만개한 벚꽃 길에
이슬 같은 비 내리고

대자연의 고요 속에 단비가 보슬보슬
높은 산에 실안개가 연기처럼 서려 있고
초목들의 입김처럼 서려 있는 여린 안개
이불 덮어 어르는 듯 고요고요 쓰다듬고

촉촉이 조용조용 보슬보슬 소리 없이
눈트고 어린 싹들 어르면서 눈싹 뜨고
원근 각처 흐드러지게 피어 있는 벚꽃들
꽃비로 내리고 싹눈비로 내리는데

삼라만상 춤을 춘다 심봉사처럼 눈을 뜨고
싹이 나며 고요가 함성처럼 서려 있다
너무나도 고와서 눈물처럼 서러워라
논밭마다 틈새마다 수정 같은 비 내리고

청명 한식 盛春之節 꽃비 봄비 이슬비 보슬
성춘지절
소리 없이 조용조용 보슬보슬 이슬이슬
희던 꽃잎 연연분홍 살짝 변해 설레인다
대자연의 진미세계 몰래본 듯 신비롭다
　　　　　　　　—2015. 4. 6

＊한식 전날 청날 일요일 비바람 세게 불고 비가 오고 다음날 4월 6일 오전 5㎜의 비가 이슬처럼 내리는 중에 하동 십리 벚꽃 구경에 아들 차를 타고 할멈과 함께 쌍계사 벚꽃 축제에 나섰다. 연례행사처럼 작년에 갔던 길을 가서 화개장터에서 막걸리와 점심(산채비빔밥)을 먹고 왔다.

백목련화

이 세상의 모진 겨울 꿈결같이 밀쳐놓고
높은 나무 끝끝마다 함초롬히 다문 입술
따뜻한 봄 내음과 소생 섭리 기운 받아
발름발름 입을 벌려 소생 기쁨 노래로다

풍경처럼 속은 비어 무언중에 무소유에
빈 곳마다 가득 찼네 향기 정기 무궁진리
진흙 흙탕 싫어서 나무 끝에 붙었어라
이 세상의 우수 사려 풍진 세상 떨치려고

끝없이 높은 하늘 바라보고 호소하고
잎들의 도움 없이 고고하게 피었네
흠과 티가 아주 없는 순백색의 목련화
순박하게 살라하고 絶叫하는 목련화
절규

이슬 먹고 바람 쐬며 흐트림이 아주 없이
고고하다 그 자취 거룩하다 그 맵시
고결하게 피었네 어여쁘게 피었네
무탐무욕 극치인가 너무 예뻐 슬퍼진다

청산과부 소복처럼 처량하고 구슬프다
우주의 머리 쪽을 바라보는 눈짓이여
동물들의 歸巢本能 너조차 닮았느냐
　　　　　귀소본능
뉘 간장을 녹이려고 저리 곱게 생겼는고

화려하고 고귀하나 사치롭지 아니하고
검소하고 소박하나 누추하지 아니하니
미의 극치 미의 기준 위없는 예술이여
뼈를 깎는 그리움을 내공으로 다졌어라

반야바라 멀다 하는 도승들의 골수색가
보송보송 꽃받침에 선비세계 털붓인가
보는 사람 醇化 주어 옷깃 여민 세속인들
　　　　순화
구중궁궐 담 너머에 안주인 같은 자태로다

내도 구경

구경을 즐기려면 가슴 뛸 때 하려무나
다리가 흔들리면 구경하기 그만하소
천하절경 내도 구경 다리 흔들 허리 흔들
박자 음정 아니 맞아 구경감이 더해진다

억겁의 긴긴 세월 세련 되게 다듬어진
공곶이에 이어진 듯 끊겨 있어 내도라네
바다 건너 저 멀리에 대마도가 아련하고
외도 또한 머리 밀며 나도 여기 있다 하네

깊이 박힌 내도 속살 맑은 샘에 잠겨 있고
왔다 갔다 고기떼들 속살 보며 놀이하고
해초들은 너울너울 고동 점복 발름발름
물에 잠긴 산그늘은 흔적 없이 드나드네

등산로길 바라보니 절벽에 계단 지어
절벽에다 코 닿겠네 다리 흔들 허리 흔들
나무마다 괴목이요 풀마다 기화요초
風雨代作 만든 걸작 곳곳마다 걸려 있다
　풍우대작

창해일속 떠서 있는 천하절경 내도섬이
절벽 되어 입맞추니 처음 만남 정표던가
곳곳마다 전망대요 포근하다 쉬어갈 곳
꽃과 잎이 구분 없이 왜 이렇게 고운지고

숲속 그늘 시원하고 바닷바람 더 시원코
맑은 바람 맑은 물이 몸과 맘에 묻은 오염
따스한 봄 햇살과 꽃 내음에 실려가리
바람 따라 날아가라 풍진 세상 떠나가라

한산대첩

아침 바다 물안개가 자욱한 한산섬아
고요한 아침나라 품에 싸인 아기처럼
통통선 오고 가는 호수 같은 고요 속에
조는 듯 평화롭게 아기인 양 곱고 곱다

평화로운 이 땅으로 왜구들이 몰려온다
타고 타고 또 타도 재 안 되는 사리처럼
나라사랑 민초사랑 사랑 열기 뜨겁구나
誓海 盟山 울부짖음 魚龍動에 草木知라
서해 맹산 　　　　 어룡동 　 초목지

우리 장군 이순신은 정화수에 손을 씻고
향 피우고 촛불 밝혀 한울님께 비는 말씀
못된 왜구 남김없이 무찌르게 하옵소서
원수들을 모두 죽여 여한 없게 비옵니다

不義와는 타협 없는 우리 장군 이순신은
불의
한산바다 앞마당에 鶴翼陣을 펼치고서
　　　　　　　　 학익진
타작마당 타작하듯 天地玄黃包 도리깨로
　　　　　　　　 천지현황포
왜구 떼를 바다에다 통쾌하게 水葬했다
　　　　　　　　　　　　　 수장

蓮華島기행
연화도

욕지호에 승선하여 연화도로 향하였다
6월 중순 하지절에 엘니뇨로 이상기후
날마다 비가 오나 5㎝ 안팎이요
海霧 雲霧 짙게 끼어 海路 陸路 難航했다
　해무　운무　　　　　해로　육로　난항

오늘은 쾌청 航路 날잡이를 잘했구나
　　　　　　항로
피도 또한 하니 없는 순로 따리 연회 도착
선착장은 북향이요 선창 앞에 섬이 있다
태풍 강풍 높은 파도 대피지리 선택인가

선창마을 원양초등 연화분교 깨끗하고
구석진 곳 십자가집 쓸쓸하게 자리잡고
선창항에 어선들이 십여 척이 매어 있다
높은 산로 구석진 곳 새마을의 흔적 짙다

온 섬에 두 개 마을 연화마을 동두마을
각 마을 30여 호 옹기종기 모여앉아
수산산업 풍어만선 양식증산 꿈을 꾼다
洛迦山 連華寺와 암자들이 화려했다
　락가산　연화사

값없이 그저이다

감사할 일 너무 많아 헤일 수가 없는지고
어제 죽은 고인들이 그렇게도 보고 팠던
오늘 아침 해를 보니 너무 너무 감사해요

겨울바람 찬바람은 훈풍에 밀려가고
제비 따라 훈풍 불어 산마다 진달래요
개울가에 개나리다 사방팔방 꽃밭이요

시내에서 안개 일어 앞마을 쓰다듬고
산허리 휘어감아 높은 산은 너울 쓰고
학교 지붕 기와 위에 아지랑이 꽃이 핀다

간밤에 비를 맞고 보리밭이 구름처럼
낮이면 따뜻한 볕 밤이면 이슬 내려
산천초목 춤을 추고 덩달아 보리밭도

아이들은 씩씩하게 마당에서 들과 산에
고삐 풀린 송아지다 자유천지 천방지축
노인네들 지팡이에 의지하여 들구경에

하늬바람 연바람이 대밭에서 일어나니
우리 동네 아이들이 연 날리며 하늘 보네
높고 멀고 넓고 큰 뜻 하늘 보며 키워가네

이렇게 좋은 것들 값없이 그저이니
이 좋은 시골동네 산천 있고 老幼 있고
　　　　　　　　　　　　　　노유
값없이 그저 있어 감사하고 감사하네
네가 있고 내가 있어 더욱더욱 좋을시고

울타리에 핀 장미

너와 나의 사이 울에 아름다운 꽃 피었네
네가 보고 내가 보니 더욱더욱 돋보이네
볼수록 더욱 예뻐 너 보는 것 시기 난다
나만 보려 몰래 따서 내 방에다 두었었지

나만 보는 독점하니 마음 넉넉 시들하다
청순하던 예쁜 꽃은 줄기 물기 절단 순간
죽음에의 시작이요 만족 후의 시들이라
독차지의 행복보다 시들버림 애달프다

천하의 대명지는 공유함이 지당하고
절색미인 소유하면 단명된다 하였거늘
전회하는 세월 속에 네 정 가고 내 정 오니
쉴 새 없는 정오감에 이끼 어찌 끼일쏘냐

離者定會 會者定離 만고불변 진리인저
이자정회   회자정리
이별할 때 뼈를 깎는 슬픔 아픔 눈물이요
만날 때의 기쁨 넘침 눈물 넘침 아픔 된다
이 다음엔 꺾지 말고 두고두고 보리라

6·25사변(1950. 6. 25~1952. 7. 27)이 일어나 전쟁 중이었다. 1952년 봄에서 가을까지 장승포 거제중학 재학 중에 일주일에 한 번씩 쌀을 지고 장승포 앞바다와 지세포 뒷산 밤싱이재를 넘어 백리 길을 걸어다녔다. 구천동 베리목을 지나 큰갓재와 장갓재를 넘어 동부거제 외간 내간을 오갔던 때가 벌써 64년이나 되었구나. 지금은 중학교가 면내에 있어 매우 편리하다.

제6부

낙원의 거제도

시냇물과 산길

푸른 저산 근거로 어디서인지
둘이서 나란히 손을 맞잡고
힘없이 흐늘흐늘 흘러옵니다

둘이 다 마음 맞는 신랑 신부니
고와 낙을 같이하며 걸어옵니다
찬란한 그 자태 맵시 있는 단장
때로는 번쩍번쩍 빛이 납니다

싸늘한 가을에 단장한 신랑
울긋불긋 물들인 비단옷 입고
흘러가는 저 발자국 발을 맞춰서
하나 둘 하나 둘 걸어갑니다

좋은 곳은 곳곳이 찾아다니며
높은 산 깊은 골짜기
큰 동네 작은 동네 구경 다하고
간신히 손을 떼어 흘러갑니다

아름다운 저 자태 흘러흘러서
푸른 물결 넘치는 바다로 갑니다

*1951년 가을, 거제중학 재학 시절 구천동 베리목 근방의 정경을 보고 지은 시.

쓰러지는 초막집

쓰러지는 초막집에 저녁연기 꽃이 되고
지붕 위에 앉은 저 박 太平歲月 누리구나
　　　　　　　　　　태평세월

雜 木
잡목

잡나무 여름 한철 무럭무럭 자라더니
丹粧하는 이 가을을 한숨 쉬며 맞이해서
_{단장}
좋은 치마 갈아입고 제 고향을 찾아가네

팔월의 농촌

曝陽을 抗拒하는 매암이 노래
폭양   항거

매암 매암 매암 씨-요-씨 씨-요-씨

골을 울리는 매미 노래

불과 같이 뜨거운 햇빛 아래서

논매는 늙은 농부 어린 농부들*

비노래 높은 농촌 팔월의 농촌

농부는 낙담하고 한숨 쉬노니

푸른 하늘 바라보고 비 오라 하네

때아닌 찬바람은 웬일인가

뉘에게도 원망 못할 旱災 아닌가?
한재

비 한 방울 가치 없이 여겼던 것이

오늘은 생명 하나 대신을 하네

오! 비! 비! 비! 울부짖는 팔월의 농촌

비를 기다리는 팔월의 농촌

—1953. 8. 11

*어린 농부 늙은 농부란 말은 젊은 청년들은 전쟁터에 가고 없어 아이
 들과 늙은이들이 농부로서 일하는 전시였기 때문이다.

봄날의 저녁

황혼은 사라지고 목동들은 소를 쫓아
외양간을 찾아들고 까마귀 까치들은
산기슭으로 날아간다

물소리 봄노래가 시냇가에 어울리고
고요한 피리 소리 밤공기를 깨뜨리고
초가집 등불 밑에 공부하는 저 아이는
三昧境에 잠겨 있어 밤 깊은 줄 몰라라
　　삼매경

　　　　　　　　—1951년 봄바람 부는 어느 날

봄비 내리는 저녁 마을

밭에 보리는 살피어 연녹색이 빛나고
비는 살살 내려 삿갓에 물꽹이 둘러메고
들과 산천을 부지런히 다니는 농부들
금빛보다 더 누런 보리를 희망에 품고
저녁연기에 싸인 마을은 한가함에 꿈을 꾼다
　　　　　　　　　—1951. 5. 2

＊보리가 피어날 때에는 비가 조심조심 내린다. 비바람이 세게 불면 피어나는 보리가 쭉정보리가 많이 된다. 마치 봄비도 이런 사실을 아는 것처럼 내린다. 금빛보다 더 누런 보리를 희망에 품고란 새 보리가 필 무렵이 초근목피로 연명하던 보릿고개 무렵이기 때문에 유일한 희망은 보리를 잘 익혀 먹는 일이었다.

낙원의 거제도

남해 바다 십자형의 거제도
악착스런 공산당에 기름 피 다 빠진 동포들
눈물과 한숨 뒤에 두고
낙원의 거제도로 피난 왔도다

구원의 方舟 십자형의 거제도가
     방주
기나긴 오개星霜에 신음하던 동포를
      성상
가득히 싣고 행복의 그날을 찾아간다

피비린내 화약 내가 코를 찌르는
삼천리 비참한 꼴 누가 빚어 내었나
동포여 역사의 손길로 눈물을 씻자
정다운 나라를 행복이 기른다

          ―6·25동란 중이던 1951년 12월 장승포
            거제중학에서 집으로 오면서

바닷물

바다를 바라본다 영원한 저 바다
갈매기 울음 울고 파도는 춤을 추는
흰 물결 푸른 물결 청춘의 물결
오늘도 어제같이

하나님의 크신 은혜 태평양의 물결처럼
오늘도 어제같이 삼천리에 부딪치니
금수강산 삼천리를 두드리며 에굽히네
　　　　　―1951년 10월 4일 저녁 장승포 앞바다를 바라보며

시냇물

구슬 같은 맑은 물이 너럭바위 위를 흘러가네
남실남실 좔좔좔

깊은 산골 좋은 경치 곳곳마다 구경하고
돌돌돌돌 돌돌돌

꽃과 같이 아름다운 단풍잎 한 조각이
물을 타고 흘러가네 구불구불 구불구불

앞을 막는 층암절벽 굽이굽이 휘돌아서
규율 있게 예민하게 살살살살 살살살

앞을 막는 작은 산도 칭칭칭칭 돌고 돌아
무르익은 곡식 밭을 아는 집처럼 찾아드네

잔잔한 물가에서 소를 치는 저 아이야
송아지 엄마 찾는 저녁때를 맞았구나

―1951년 가을 거제중학교 통학 중
구천동(지금의 구천댐 근방)을 지나며

위로할 줄 모르는 세상

위로 터진 창공아 왜 말이 없느냐
넓은 땅아 왜 대신 울어주지 않느냐
돈이 없어 도는 몸 아! 아! 한숨뿐이다
저 바다 수평선을 볼 때에 희망의 물결은
뛰어놀건만

나의 몸은 흉악한 돈 물결 위에서
살 줄 올 줄 모르고 흔들리구나
희미한 등잔불 나의 벗 되고 팔척의 좁은 방
나의 집 되고 하루에 한 되 밥 나의 꼴(먹이)이다

사랑의 하나님 나를 찾아서 오늘도 내 마음 찾아왔도다
하나님의 큰 사랑을 집어타고서
가고지야 가고지야 내가 온 길로
공수 들고 왔으니 또한 그같이
이별하고 싶어 위로할 줄 모르는 이 세상
　　　　　　　　—1951년 장승포 앞바다를 바라보며

평화가 그리워

신음의 소리 흐른다 귀가 아프게

무서운 광경 눈에 보인다

창공에 비행기가 난다

요란스럽게 불과 불이 서로 부딪칠 삼천리강산

공포와 설움 속에 뉘에게 다 호소할꼬

白衣同胞여 동서남북풍 모든 시련 겪어 왔으며
_{백의동포}

또 겪고 있노라

불교와 유교 및 여러 가지 學理와 思潮가 흘러간다
_{학리   사조}

귀는 높을 대로 높고 경험은 쌓을 대로 쌓았다

여기에도 붙어 보았고 저기에도 붙어 보았다

시원치 않다

이것도 저것도 다 버리자

오직 자유 독립 이것이 우리 앞길을 밝힐 등대요

우리를 살릴 봄바람이다

우리 겨레가 四分五裂 되어 무엇이 有益이 있었던가
_{사분오열   유익}

李朝 오백 년 派黨의 결과 육이오사변의 悲哀를 보라
_{이조   파당   비애}

이것이 우리들의 정감일진대 겨레의 일치단결 얼마나 귀한가

눈물의 바다 한숨의 바람소리 중에

평화의 노랫소리 높아져가네

오! 귀한 평화 대동강 강변에 소를 끌고 나와
검은 흙을 갈던 그때
부모 형제가 한자리에서 식사하던 그때
내가 살던 고향 나의 이웃 친척 친구 벗조차 찾을 길 없다
오! 언제나 평화가 우리 눈에 전개될꼬!

내 인생 내 지게에 지고
윤윤석 시집

펴낸날 2016년 4월 20일

지은이　윤 윤 석
펴낸이　오 하 룡
펴낸곳　도서출판 경남

주　소　창원시 마산합포구 몽고정길 2-1
전　화　(055) 245-8818~8819
이메일　gnbook@empas.com
출판등록　제567-1호(1985. 5. 6)
편집팀　오태민 | 심경애 | 구도희

ⓒ 윤윤석
* 잘못된 책은 바꿔 드립니다.
* 저자와 협의 인지 생략합니다.
* 불법복제를 불허합니다.

ISBN 979-11-86943-31-1-03810

값 20,000원